Pour être tenu régulièrement informé de nos publications,
il suffit de nous faire parvenir vos nom et adresse à :
H&O éditions BP 14090 34502 Béziers cedex
ou de consulter notre site web : www.ho-editions.com

Entretiens
sur la question gay

Du même auteur :

Presse et homosexualité
Savelli, 1977

Moi, Pierre Seel, déporté homosexuel
Calmann-Levy, 1994

Les Oubliés de la mémoire
Prix Histoire et mémoire 2004 de la ville de Venise
Hachette, 2002

Citoyen de seconde zone
Hachette, 2003

ISBN 2-84547-098-3

Jean Le Bitoux

Entretiens sur la question gay

avec

Jean-Paul Sartre
Michel Foucault
Jean-Paul Aron
Guy Chevalier
Pierre Hahn
Pierre de Ségovia
Daniel Guérin
Michael Pollack
Daniel Defert

Préface de Michael Sibalis

H&O
ÉDITIONS

À mon frère Michel,
à mon fils Émeric,
à mon ami Gérard.

Michael Sibalis, né à Montréal le 20 juillet 1949, est professeur d'histoire à Wilfrid Laurier University, à Waterloo, en Ontario, Canada. Il a publié de nombreux articles en anglais et en français sur le mouvement ouvrier parisien au XIXe siècle, la police politique de Napoléon Ier et l'histoire des homosexuels français depuis le XVIIe siècle. Il a contribué à de nombreuses notices biographiques sur des français(es) pour le *Who's Who in Gay and Lesbian History* et pour le *Who's Who in Contemporary Gay and Lesbian History*, dirigés par Robert Aldrich et Garry Wotherspoon (Routledge, 2001), et, avec Jeffrey Merrick, il a récemment co-dirigé une collection d'essais sur l'homosexualité et le lesbianisme en France : *Homosexuality in French History and Culture* (Harrington Park Press, 2001). Il prépare actuellement un livre sur l'homosexualité masculine à Paris de 1700 à nos jours.

Préface

La mémoire des grands témoins

Michael Sibalis

Le mouvement gay français des dernières décennies est constitué de milliers d'itinéraires individuels. Des intellectuels, des journalistes, des militants et, bien sûr, des citoyens ordinaires en ont été partie prenante. Jean Le Bitoux se trouve au centre de ce mouvement depuis 1971 en tant que fondateur du FHAR de Nice (1971), figure marquante du GLH-PQ (Groupe de libération homosexuelle, politique et quotidien) (1975-1978), candidat homosexuel lors des élections législatives de 1978, directeur du *Gai Pied* (1979-1983), président de la Gay Pride (1989-1990)... et ainsi de suite, jusqu'à sa présidence récente du Centre d'archives et de documentation homosexuelles à Paris [1]. Au cours de plus de trente ans de militantisme, Le Bitoux a eu l'occasion de rencontrer, de travailler avec et, en tant que journaliste, d'interviewer de nombreux acteurs du mouvement gay. Ces interviews, ont été publiées dans des revues aujourd'hui disparues et souvent assez difficiles d'accès. Elles sont évidemment d'un

1 - Voir Jean Le Bitoux, Hervé Chevaux et Bruno Proth, *Citoyen de seconde zone: Trente ans de lutte pour la reconnaissance de l'homosexualité en France (1971-2002)*, Paris, Hachette, 2003.

grand intérêt historique. Soyons reconnaissants à Jean Le Bitoux et aux éditions H&O de les sortir de l'oubli et de les remettre ici à notre disposition.

Certains des interviewés sont connus de tout le monde, mais d'autres sont assez obscurs. Il sera par conséquent utile de donner ici quelques brèves explications de l'importance de chacun d'entre eux.

Jean-Paul Sartre (1905-1980) dominait le monde intellectuel français dans les années d'après la Seconde Guerre mondiale. Même si, dans les dernières années de sa vie, Sartre a fini par défendre la cause homosexuelle — sans doute sous l'influence de sa compagne, Simone de Beauvoir — il n'était en rien, comme l'observe Pierre Zaoui, un « philosophe homophile *par ses œuvres* [1] ». En effet, il est assez facile, en feuilletant ses articles et ses livres, d'établir un florilège de ses propos homophobes. Citons pour mémoire deux des plus célèbres : « Il me paraît qu'il y a là [pendant l'Occupation allemande de 1940-44] un curieux mélange de masochisme et d'homosexualité » (*La République française*, août 1945) et « Nous refusons de croire que l'amour d'un inverti présente les mêmes caractères que celui d'un hétérosexuel » (*Les Temps modernes*, 1er octobre 1945) [2]. Cela étant dit, c'était tout à son honneur d'avoir encensé Jean Genet dès 1946 et d'avoir soutenu la lutte gay depuis le début des années 1970. Les premiers manifestes du FHAR — le Front Homosexuel d'Action Révolutionnaire — ont

1 - Pierre Zaoui, « Philosophie », in *Dictionnaire de l'homophobie*, dir. Louis-Georges Tin, Paris, PUF, 2003, p. 315.

2 - Voir « Jean-Paul Sartre et l'homosexualité (Extraits choisis par Claude Courouve) », http :/www.multimania.com/j gir/sartre.html.

paru dans le numéro 12 (23 avril 1971) du journal maoïste *Tout!* dont Sartre était directeur. Il fut en conséquence inculpé pour « outrage aux bonnes mœurs » par le ministre de l'Intérieur, mais le Conseil constitutionnel invalida la plainte comme contraire aux libertés d'expression et d'association. Sartre a accordé la dernière interview de sa vie à Jean Le Bitoux. Réalisée le 28 février 1980, moins de deux mois avant la mort de Sartre, elle est publiée en avril 1980 pour marquer le premier anniversaire de *Gai Pied*. C'était pour Sartre l'occasion de s'expliquer sur la question homosexuelle et d'éclaircir ce que Le Bitoux appelle « quelques ambiguïtés de taille » dans sa pensée.

Il serait sans doute également inutile de présenter ici une biographie de **Michel Foucault** (l 926-1984), qui était, bien avant sa mort du sida en juin 1984, un des intellectuels les plus connus et les plus lus de la planète. Ses livres (au moins une dizaine: sur la folie, la prison, la sexualité...) et ses innombrables articles, essais et interviews sont traduits dans une vingtaine de langues. Partout dans le monde, philosophes, sociologues et historiens lisaient et lisent toujours ses écrits pour s'inspirer de ses idées. Tout ce que Foucault a écrit sur l'homosexualité étant par conséquent d'une grande importance, il est regrettable que l'entretien réalisé par Jean Le Bitoux en juillet 1978 soit peu disponible aux chercheurs. Le Bitoux avait l'intention de le publier dans le premier numéro de *Gai Pied*, mais Foucault, ayant changé d'avis, offrait à sa place une réflexion sur les gays et le suicide. Le soutien du philosophe à *Gai Pied* était quand même crucial à une époque où plusieurs revues homosexuelles venaient d'être interdites par le gouvernement de droite. Sa participation, directe ou indirecte, était « sinon un certificat d'honorabilité, du moins une protection nécessaire [1] » à la revue.

Quant à l'interview, n'ayant jamais été autorisée par Foucault, elle est absente de ses *Dits et écrits*. Elle a paru pour la première fois — mais sans aucune autorisation, ni de Foucault, ni de Le Bitoux — en traduction hollandaise aux Pays-Bas. Le Bitoux l'a publiée par la suite, dix ans après sa réalisation et quatre ans après la disparition de Foucault, dans *Mec Magazine* (de juin et de juillet-août 1988). Didier Éribon la cite en la « corrigeant » d'après le tapuscrit — c'est-à-dire, la transcription originale que Le Bitoux a faite de la cassette — qu'il a remis au Centre Michel Foucault, car la version publiée dans *Mec Magazine* n'était pas exacte. Hélas! le tapuscrit du Centre était également incomplet, car, selon Le Bitoux, « il accuse effectivement le sérieux défaut d'avoir parfois "résumé" une pensée beaucoup plus discursive et nuancée que ce que les contractions de texte lui avaient infligé ». Le Bitoux ayant depuis trouvé la cassette originale de l'interview, qu'il avait égarée chez lui, il a pu offrir une nouvelle transcription complète aux lecteurs de *La Revue h* de l'automne 1996 [2]. C'est la version qu'on trouve ici, et qui nous rend la pensée du grand philosophe dans toute sa subtilité.

---

1 - Frédéric Martel, *Le Rose et le noir: Les homosexuels en France depuis 1968*, nouvelle édition, Seuil, 2000, p. 189.

2 - Voir Martel, *Le Rose et le noir*, p. 191n; Didier Éribon, *Michel Foucault et ses contemporains*, Paris, Fayard, 1994, p. 42n., 282n; Jean Le Bitoux, « A la source de la pensée, des silences et des rires », *La revue h*, n° 2, automne 1996, p. 40-42.

Jean-Paul Aron (1925-1988) était contemporain de Foucault et se voyait en rival du grand philosophe dont pourtant la réputation a notoirement dépassé la sienne. Ce n'est qu'à la fin de sa vie qu'Aron était « suffisamment serein et réconcilié avec [lui]-même » pour enfin reconnaître la vérité : « je me suis attaqué à [Foucault] par allergie philosophique, mais aussi pour une autre raison, à moitié illégitime : j'étais jaloux de sa gloire [1] ». En fait, la carrière académique d'Aron était des plus respectables, sauf si on la compare à celle de Foucault, une des « stars » du monde intellectuel français. Agrégé de philosophie, Aron est entré au CNRS en 1951 et la sixième section de l'École pratique des hautes études en 1960. Il publiait beaucoup d'articles et de livres, y compris un (avec Roger Kempf) sur la bourgeoisie et la sexualité au XIXe siècle : *Le pénis et la démoralisation de l'Occident* (Paris, Grasset, 1978) (la deuxième édition aura un titre moins racoleur : *La Bourgeoisie, le sexe et l'honneur*, Bruxelles, Éditions complexe, 1984). Il conseillait Jacques Lang et passait souvent à la télévision, mais, comme il a dû reconnaître avec amertume vers la fin de sa vie : « J'écris depuis trente ans, j'enseigne depuis trente ans et voilà qu'avec vingt-cinq feuillets je suis célèbre [2]. » Ces feuillets, c'est son « aveu », publié dans le *Nouvel Observateur* à l'automne de 1987, en tant qu'homosexuel et malade du sida [3]. Huit mois plus tard, en juin 1988, Aron parlera

---

1 - Jean-Paul Aron, « Mon sida, » (propos recueillis par Élisabeth Schemla) in *Le Nouvel observateur* n° 1199 (30 octobre/5 novembre 1987), p. 126-3 1.

2 - « Jean-Paul Aron : Le courage d'un dandy, » in *Le Nouvel Observateur* n° 1242 (126 août/1er septembre 1988), p. 53-7.

3 - Voir aussi son livre : *Mon sida*, Paris, Christian Bourgeois, 1988.

encore de « son » sida — et de son homosexualité —, mais cette fois-ci à la télévision. Ainsi, comme le reconnaissait à l'époque le journal *Libération*, Aron était « le premier personnage public, en France, à rompre le silence qui entoure cette longue et *douloureuse maladie*, comme on dit encore dans les faire-part. » De la sorte, « il lève un interdit tacite : donner au mal un visage, une histoire, une sensibilité. Bref, humaniser l'appréhension [1]. »

En revanche, **Guy Chevalier** (né vers 1940), l'homme qui a été à l'avant-garde du mouvement gay contemporain en France, est toujours très peu connu, et pour cause : il tenait à rester anonyme. Quand il a quitté la France dans les années 1970, après plusieurs années de militantisme, il est allé passer plus de vingt-cinq ans dans la diplomatie culturelle dans des pays musulmans, comme le Maroc et l'Égypte. Ainsi la discrétion s'imposait. Ce n'est qu'après sa retraite et son retour en France vers 2000 que Chevalier commence à parler de son passé sous son vrai nom. Dans la version originale de l'interview en deux parties qu'on trouve ici et que Chevalier a donné à l'éphémère revue *Mec Magazine* (il n'y eut que six numéros en tout et pour tout) en 1988, Chevalier prend le nom de Guy Rey [2]. Dix ans plus tard, Frédéric Martel l'appellera Philippe Guy dans *Le Rose et le noir* [3].

---

1 - François Reynart, « Le Sida à la première personne » et Georges Dupuy, « Éditorial : Sans Masque », in *Libération*, 31 oct. / 1er nov. 1987, p. 2-3.
2 - Il a fait son « coming-out » (pour ainsi dire) dans une interview parue dans *Têtu* : « Guy Chevalier : Le sacerdoce de l'activiste », n° 54, mars 2001, p. 97-99.
3 - Martel, *Le Rose et le noir*, p. 31-32.

L'action de Chevalier en mai 1968, quand il avait vingt-huit ans, a pourtant marqué un tournant dans le militantisme homosexuel en France. C'est lui et un copain qui ont fondé le mythique Comité d'Action Pédérastique Révolutionnaire. Avec peu de résultats immédiats, c'est vrai. Les affiches qu'ils ont placardées dans les couloirs de la Sorbonne occupée furent presque toutes déchirées et enlevées par le Comité d'occupation, car, comme l'expliquera plus tard et avec une pointe de sarcasme le célèbre militant homosexuel Guy Hocquenghem, « le comité d'occupation de la Sorbonne s'inquiétait de la présence d'homosexuels autour des WC. Cela risquait de "déconsidérer" le mouvement : au moment où l'on se croyait au sommet de la libération de tous les possibles, il y avait encore des aspects de notre vie qu'il n'était pas permis de faire apparaître [1] ». Les « événements » de mai s'étant terminés en queue de poisson, Chevalier partit aux États-Unis, où il fut témoin de l'émeute de Christopher Street à New York (juin 1969). Il participa ainsi aux débuts du mouvement gay américain à New York et en Californie.

Mai 1968 fut un échec à court terme, mais en fin de compte, son esprit contestataire a modifié de manière définitive la tendance « conservatrice » du mouvement homosexuel français représenté par Arcadie en faisant de l'homosexualité une question politique, et même une cause révolutionnaire radicale. Pierre Fontanié l'expliquera très bien quelques années plus tard : « Allez parler de "dignité" et de "morale" aux enfants des barricades et de la société permissive ! » (« Dignité » et « morale » étant des mots clés

1 - François-Paul Boncour, « La Révolution des homosexuels », *Le Nouvel Observateur*, n° 374, 10 au 16 novembre 1972, p. 34.

du discours conservateur d'Arcadie, le mouvement « homophile » des années 1950-1960.) Pour Guy Hocquenghem, « Plus grave encore, l'apolitisme dont [Arcadie] prônait les mérites vole en éclat, depuis que l'homosexualité entre de plain-pied dans le débat politique [1] ». Le FHAR, fondé trois ans plus tard, était dans la tradition de mai 1968: situationniste et provocateur.

Pierre Hahn (1936-1981) s'est suicidé à l'âge de quarante-cinq ans, le 19 février 1981, déprimé par des conditions de vie assez difficiles et par une histoire d'amour qui avait mal tourné. Il y avait deux gerbes à ses obsèques: une des anciens du FHAR, dont il avait été un des fondateurs, et l'autre « À Pierre Hahn, [de] ses amis des mouvements homosexuels français et étrangers [2] ». Ce tribut qu'on lui rendait, Hahn l'avait bien mérité car il était un pionnier dans la lutte homosexuelle des années 1970. Bien plus tard, Guy Hocquenghem se rappelait de leur première rencontre en 1967: « Je faisais partie de la rédaction d'un journal trotskiste, *Avant-Garde.* Il est entré dans la cave humide, et pendant une heure il nous a parlé de la libération des homosexuels. C'était la première fois que je voyais un militant homosexuel. Et pour cause, il était strictement le seul, à Paris, à cette époque [3]. » Et Jacques Girard le décrivait ainsi: « les yeux brûlants, les mains vives et mobiles, parlant

---

1 - Pierre Fontanié, « La Mort d'Arcadie », *Homophonies* n° 20, juin 1982, p. 22-23.
2 - « Pierre Hahn », *Homophonies* n° 6, avril 1981 ; et « Pierre Hahn, historien », *Homophonies* n° 7, mai 1981, p. 12-13.
3 - Guy Hocquenghem, « La décadence orchestrée », *Gai Pied*, n° 26, mai 1981, p. 39.

avec beaucoup de chaleur et de passion de notre identité » d'homosexuels [1].

Hahn avait 19 ans quand il est devenu membre d'Arcadie — l'association « homophile » dirigée par le très conservateur André Baudry — et il a commencé à contribuer à la revue de cette association sous le pseudonyme d'André Clair. Après un court séjour dans un hôpital psychiatrique sous la pression de son père qui espérait le « guérir » de son homosexualité (il ne faut jamais oublier ce que furent les années 1950), Hahn s'est embarqué dans une carrière de journaliste, écrivant pour une série de journaux et de revues, y compris *L'Express*, *Jeune Afrique*, *Recherches* et *Le Monde*, parfois sous les noms de Pierre Valmore ou Gilles Santis. Il écrivait sur toute sorte de sujets, mais c'est le racisme et la sexualité (surtout l'homosexualité) qui l'intéressaient le plus. En 1971 il a publié *Français, encore un effort*, un florilège de citations sur l'homosexualité de l'antiquité jusqu'à nos jours, puis en 1979, *Nos ancêtres les pervers*, qui étudiait la vie des homosexuels dans la première partie du XIXe siècle. À sa mort, il travaillait sur deux sujets : l'homosexualité en France avant la Révolution française et la pratique homosexuelle dans l'Islam. On retrouve la trace de sa curiosité, son intelligence et sa passion dans les écrits qu'il a laissés comme vestiges de son engagement intellectuel et politique. Il ne se lassait pas de dénoncer ce qu'il appelait « l'hypocrisie consommée de la société bourgeoise dans sa répression officielle de l'homosexualité [2] ».

---

1 - Jacques Girard, « La grandeur exubérante », *Gai Pied*, n° 26, mai 1981, p. 39.

2 - Pierre Hahn, « La répression des homosexuels en France », *Partisans* n° 66-67, juillet-octobre 1972, p. 132-136,

Pierre de Ségovia (1936-1996) est sans doute le moins connu de tous ceux dont les interviews figurent dans ce livre. Il était étudiant en lettres à Nice en 1971 quand il co-fonda (avec Jean Le Bitoux) le FHAR de Nice et co-dirigea son journal, un véritable brûlot, *Le Doigt au Cul.* Ce n'était pourtant pas son premier geste de militantisme. Déjà, en décembre 1968 — sept mois seulement après les événements de mai — il avait écrit une lettre à *Plexus*, revue qui prônait la liberté sexuelle mais à laquelle il reprochait de ne pas tenir suffisamment compte des homosexuels : « Avez-vous songé au groupe important que représentent dans notre société les homosexuels qui sont particulièrement sensibles aux questions de libération, parce qu'ils ont plus de difficultés que d'autres à se libérer ? » Et de faire appel à la revue pour « réconcilier cette forme de sexualité [homosexualité] avec l'autre [l'hétérosexualité] en recherchant ses valeurs, permettre sa compréhension, faire admettre son existence et donner à ceux qui la subissent la possibilité de s'épanouir comme les autres [1] ». En 1973 il s'installait à Paris, mais l'année suivante il s'embarquait pour l'aventure en Amérique, où il sera restaurateur, majordome, puis enfin psychothérapeute avant de revenir en France au début des années 1980. De Ségovia est mort du sida en 1996.

Daniel Guérin (1904-1988), fils de bourgeois parisiens, est devenu militant de gauche dès la fin des années 1920. Pendant plus d'un demi-siècle, Guérin s'investit dans la

---

1 - P.S., « Le grave problème de l'homosexualité, » *Plexus* n° 19, décembre 1968, p. 7-8.

lutte ouvrière, la cause socialiste et le combat anticolonialiste. Frédéric Martel l'a qualifié de « grand-père du mouvement homosexuel français », mais en fait Guérin est venu assez tard à ce mouvement. Bien que marié et père d'une fille, Guérin était homosexuel — il appréciait surtout les jeunes prolétaires hétérosexuels — mais la gauche française étant traditionnellement homophobe (l'homosexualité étant réputée un « vice bourgeois »), il craignait de se discréditer auprès de ses camarades. Guérin ne fit son « coming-out » qu'à l'époque de FHAR, alors qu'il avait presque soixante-dix ans [1]. Mais Guérin, malgré son âge, partageait l'insolence et l'audace de ses cadets. Qui pourrait oublier l'image de Guérin se mettant à poil en assemblée générale à l'École des Beaux-Arts? En revanche, il était mécontent du manque de structure et de sens politique chez les membres du FHAR, qui montraient peu de respect pour les luttes révolutionnaires de leurs aînés: « Quand le FHAR s'est créé, je me suis dit, maintenant, enfin, je vais trouver ce que j'ai cherché toute ma vie, des homosexuels révolutionnaires. Patatras, je tombe sur quelque chose de pire encore que ce que j'avais connu… des êtres complètement inconscients [2]. » Ce qu'on retiendra de Guérin, c'est sa passion pour la liberté et sa haine de toute oppression, qu'elle soit capitaliste, fasciste, colonialiste ou homophobe.

Michaël Pollak (1948-1992), viennois de naissance mais Parisien depuis 1971, a fait toute sa carrière de sociologue

---

1 - Guérin a écrit deux livres autobiographiques *Autobiographie de jeunesse*, Paris, 1972; *Le feu du sang*, Paris, 1977.

2 - Martel, *Le Rose et le noir*, p. 52.

(à part deux années aux USA) en France, où il était apprécié de tous ceux qui le connaissaient et collaboraient avec lui [1]. Le grand sociologue Pierre Bourdieu disait, « J'aimais beaucoup Michaël Pollak, l'homme et le sociologue, qui en lui ne faisaient qu'un », et Sophia Rosman, une de ses collaboratrices, trouvait en lui « une source d'inspiration [2] ». Il était « un pionnier » (dans la lutte contre le sida) selon Daniel Defert [3]. Pollak a beaucoup écrit au cours de sa carrière de chercheur, d'abord sur l'histoire des sciences sociales et sur la politique raciale des nazis, puis de plus en plus, à partir du milieu des années 1980, sur les effets du sida sur la population homosexuelle. Il menait surtout une enquête annuelle auprès des gays sur leurs comportements face à l'épidémie. Lui-même séropositif — c'est le sida qui l'emportera — Pollak avait évidemment un motif personnel derrière ses recherches, mais il a su toujours maintenir une objectivité exemplaire et un détachement professionnel. Dans les mots de l'historien François Bédarida : « Chez ce chercheur-né, l'une des qualités majeures c'est la volonté d'unir implication personnelle et distanciation critique [4]. »

---

1 - François Bédarida, « Préface », in Michaël Pollak, *Une identité blessée: Études de sociologie et d'histoire*, Paris, Éditions Métailié, 1993, p. 5-12.

2 - « Hommage à Michaël Pollak », *Gai Pied Hebdo* n° 525, 18 juin 1992, p. 12-13.

3 - Daniel Defert, « La mort de deux pionniers » (Pollak et Jean-Florian Mettetal), *Libération*, 11 juin 2002, p. 31.

4 - François Bédarida, « La mort du sociologue Michaël Pollak », *Le Monde*, 11 juin 1992, p. 26.

Daniel Defert (né en 1937) et Michel Foucault se sont rencontrés en octobre 1960. Foucault venait d'être élu à la Faculté de Clermont-Ferrand et de s'installer au 43 rue Monge, à Paris, Defert avait vingt-trois ans et était étudiant en philosophie à l'École Normale Supérieure de Saint-Cloud. Defert partagera la vie — et les luttes politiques — de Foucault pendant deux décennies, de 1963 jusqu'à la mort de celui-ci en 1984 [1]. « Je vis dans un état de passion vis-à-vis de quelqu'un, dira Foucault en 1981. Peut-être qu'à un moment donné cette passion a pris la tournure de l'amour. [...] Je crois qu'il n'y a pas une seule chose au monde, rien, quoi que ce soit, qui m'arrêterait lorsqu'il s'agit d'aller le retrouver, de lui parler [2]. » Agrégé de philosophie, Defert enseigne à partir de 1968 et jusqu'à sa retraite à l'Université de Paris-VIII (Vincennes, puis ensuite Saint-Denis). En 1984, Foucault est mort du sida. Defert n'a appris la vérité sur sa maladie qu'après sa mort. Ainsi, expliquera-t-il, « je découvre cette espèce de peur sociale qui avait occulté tout rapport de vérité » :

« Après la mort de Michel [Foucault], je suis parti avec l'idée de faire un mouvement. Et pour de multiples raisons. D'abord des raisons très personnelles, liées à notre histoire commune. Avec Michel, nous avions un passé de militant, on avait créé, entre autres, un mouvement sur les prisons. Un mouvement autour d'un silence, le silence sur la prison, autour d'un tabou social et moral. [...] Donc, comment dire ? J'ai voulu vivre ce deuil de la mort de Michel en

---

1 - Michel Foucault, *Dits et écrits 1954-1988*, 4 volumes, Paris, Éditions Gallimard, 1994. tome I, p. 23.

2 - Cité in Didier Éribon, *Michel Foucault*, 2e édition, Paris, Flammarion, 1991, p. 167-168.

continuant une histoire commune autour d'un enjeu éthique de prise de parole [1]. »

En octobre 1984, Defert a fondé l'association AIDES, et depuis vingt ans maintenant il consacre ses efforts à la lutte contre le sida.

Ce livre nous donne à entendre les voix de ces neuf hommes — dont sept sont aujourd'hui disparus (quatre des suites du sida) — et à accompagner neuf itinéraires. Tous ont contribué par leurs actes, leurs idées et leurs paroles au mouvement homosexuel des derniers trente-cinq ans. C'est avec émotion que nous écoutons leurs témoignages.

1 - Daniel Defert, « Les derniers jours », *Libération*, 19-20 juin 2004, p. III-IV.

Avant-Propos

25 ans d'entretiens avec des hommes remarquables

Jean Le Bitoux

C'est presque un quart de siècle qui se sera écoulé, entre 1978 et 2002, entre mon interview de Michel Foucault et celui de son ami Daniel Defert, un quart de siècle de réflexions sur la question homosexuelle. Ces analyses, nourries également par une demie douzaine d'intervenants, sont traversées par le vécu de chacun et les périodes marquées par les modifications du statut social de cette « différence », ce qui représente une évolution politique notable. Rappelons qu'en 1978, le code pénal, avec l'article 331, inscrivait toujours l'homosexualité dans le cadre des délits au travers d'un article de loi mis en place en 1942 pendant l'occupation allemande. Cet article discriminatoire mit quarante ans avant d'être abrogé, en 1982, sous le premier septennat de François Mitterrand, et sous la pression de Robert Badinter, Ministre de la Justice, et de Gaston Deferre, Ministre de l'Intérieur [1].

1 - Sur cette question, voir le dossier sur l'évolution de la juridiction française réalisé par Gérard Bach-Ignace, récemment décédé, dans *La revue h* n° 5, mars 1998, p. 49 à 67. Se référer également aux articles de Pierre Albertini dans le *Dictionnaire de l'homophobie* dirigé par Louis-Georges Tin, édité aux PUF en 2003, avec une préface de Bertrand Delanoë.

Quittant le code pénal, le mode de vie homosexuel réussit, vingt ans plus tard, à s'inscrire dans le code civil, passant d'une discrimination patente à une tolérance sociale grâce au pacs. Soixante ans nous ont donc été nécessaires pour obtenir cette modernisation du droit de ce pays. Les statistiques et les discours journalistiques avaient déjà précédé cette reconnaissance officielle, de la condamnation sociale à l'acceptation de notre « différence ».

Ces entretiens témoignent également d'une évolution culturelle. L'analyse sociale a opéré en quelques décennies un changement radical. Point trop de la part de Jean-Paul Sartre, encore marqué, on le lira, par les années cinquante, un philosophe bien trop inspiré sur ce sujet par la figure de Jean Genet, ce génie hors-la-loi qui était loin de recouvrir le champ de la problématique homosexuelle [1]. Il était alors impossible pour les homosexuels de s'identifier à cette trajectoire hors du commun [2]. De la même manière, les figures également célèbres dans ces années-là de Jean Cocteau ou d'André Gide ne concernent qu'eux-mêmes : Tous les homosexuels ne décrochent pas le prix Nobel, ne fréquentent pas les soirées mondaines ou les bas-fonds de Paris [3].

---

1 - Voir notamment le chapitre « Sartre l'irresponsable » dans mon ouvrage *Les Oubliés de la mémoire* (Ed. Hachette Littératures, 2002), pages 155 à 186.

2 - « Les flux vitaux, sang et sperme, présents tels quels chez Genet, irriguent les actions des hommes qui, à travers une aventure dangereuse et virile (le fascisme ou le meurtre), peuvent espérer échapper à la décadence et à la moisissure bourgeoises. » in l'excellent ouvrage d'Ivan Jablonka *Les vérités inavouables de Jean Genet* (Ed. du Seuil, 2004), page 217 et suiv.

3 - J'ai également recueilli des entretiens avec de nombreuses autres personnalités culturelles tels Kate Millet, William Burroughs, David Hockney, Alberto Moravia ou Léopold Sédar Senghor, mais les conditions

Ce renversement fondamental, que l'on peut dater de la fin des années soixante-dix vient, selon nous, des réflexions de Michel Foucault qui, à travers sa relecture de l'histoire de la sexualité, resitue de façon plus large mais aussi plus précise la problématique de l'homosexualité [1]. Elles sont un élément essentiel pour saisir le champ du désir, ou plutôt du plaisir selon lui, en stigmatisant la mainmise de la médecine, de la psychiatrie puis de la sexologie sur cette « perversion » qui a longtemps justifié un regard social réprobateur. Cette déconstruction est salutaire. Elle nous semble aller plus avant que l'analyse de Jean-Paul Aron qui, on le lira ci-après, se polarise de façon trop systématique sur le « tout répressif » même si, effectivement, cette coercition nous vient principalement du XIXᵉ siècle.

Au delà de ces analyses et de ces réflexions, il nous a semblé opportun de donner également à lire les témoignages « de terrain », dirions-nous, de ces années soixante-dix et quatre-vingt qui ont permis de faire surgir la revendication homosexuelle dans ces décennies où l'agitation sociale allait grandissante. Des affiches de révolte de Mai 68 à la fondation

---

de ces rencontres n'ont pas permis de restituer une véritable densité de contenu.

1 - Concernant les circonstances de cet entretien, dont on lira ci-après la transcription intégrale et dont la cassette audio a été remise au Centre Michel Foucault, voir mon article « À la source de la pensée, des silences et des rires » in *La revue h*, 1996, pages 40 et suiv. Le biographe américain de Michel Foucault, James Miller — dont la traduction française est parue en 2004 — me remercie pour avoir réussi à faire enfin surgir de la sorte, en 1978, la première réflexion publique de Foucault sur l'homosexualité (*La passion Foucault*, Ed. Plon, pages 297 et suiv.).

du FHAR, le Front Homosexuel d'Action Révolutionnaire en 1971, Guy Chevalier et Pierre Hahn témoignent pour nous à la fois de l'oppression dont les homosexuels étaient victimes, et de l'incompréhension des révolutionnaires de ces années-là [1]. La surdité était générale et il nous faut saluer ici le courage et la lucidité de ces acteurs de premier plan que le temps et les commémorations diverses ont oublié [2]. Il en est de même pour Pierre de Ségovia qui, depuis Nice, a été confronté avec ses amis dissidents comme lui à une hostilité générale, notamment de la part des « camarades chéris » du FHAR parisien.

Par ailleurs, publier le long interview que j'ai eu avec Daniel Guérin, grande figure politique de ces années de révolte, n'est également que justice. Ce grand libertaire issu des quartiers bourgeois, visitant l'Allemagne avant la prise de pouvoir par Hitler, s'explique en outre sur la « virilité homosexuelle » du fascisme telle que Jean-Paul Sartre l'évoque abruptement, déconstruisant un amalgame cher à l'intelligentsia de gauche qui a porté tant de tort à la

---

1 - Citons pour mémoire l'article homophobe de Paul Noirot, directeur de *Politique hebdo*, un journal d'extrême-gauche, dont le titre était: « Suffit-il de se faire sodomiser par un arabe pour être marxiste-léniniste? » (1977) ou la déclaration de Pierre Juquin, alors membre du bureau politique du PCF: « L'homosexualité n'a rien à voir avec la révolution » (1978), cités dans mon ouvrage *Citoyen de seconde zone, trente ans de lutte pour la reconnaissance de l'homosexualité en France, 1971-2002* (Ed. Hachette Littératures, 2003)

2 - Je n'évoque pas dans cet ouvrage les entretiens de dizaines d'heures que j'ai réalisé avec Pierre Seel, qui a permis son témoignage *Moi, Pierre Seel, déporté homosexuel* (Ed. Calmann-Levy, 1994) et qui a été à l'origine d'avancées historiques indéniables sur ce dossier en souffrance depuis cinquante ans.

crédibilité des homosexuels jusqu'au début des années quatre-vingt [1].

Malgré leurs origines prolos ou bourgeoises, l'histoire qu'ils nous racontent, où le témoignage alterne avec l'analyse, est finalement le même. Qu'on y regarde de près : c'est le même regard mais aussi la même désillusion sur l'évolution de la dynamique homosexuelle. Mais loin d'une nostalgie d'époque, ils prônent de nouvelles formes de relation comme le retour de l'humour et de la dérision.

Et puis vint le sida. Appelé « cancer gay » jusque dans les « unes » de *Libération*, une appellation qui produisit à nouveau un autre amalgame dont il fallut des années pour se débarrasser. Cette pandémie annonçait le retour — la revanche ? — du pouvoir médical et de l'opprobre sociale. Les entretiens du sociologue Michael Pollak et de l'anthropologue Daniel Defert détaillent ici l'ensemble des résistances privées et publiques, le désarroi des familles et les peurs de la classe politique ainsi que les difficultés de la prévention. Nous avons tout de même échappé aux « sidatoriums » chers à l'extrême-droite. L'avancée de la recherche médicale fut finalement significative après de longues années d'errance et, pour nous et nos amis, de souffrances et de deuils.

---

1 - Je dois remercier ici ceux qui ont recueilli avec moi quelques-uns de ces entretiens : Gilles Barbedette et Claude Lochu pour Jean-Paul Sartre, Jacques Vandemborghe pour Guy Chevalier, Pierre Hahn pour Jean-Paul Aron, René de Ceccaty et Jean Danet pour l'entretien avec Michel Foucault *De l'amitié comme mode de vie*, et Christophe Gendron pour l'entretien avec Daniel Defert.

Car le bilan est à ce titre terriblement tragique, ne serait-ce que parmi les personnes interrogées ici. Il nous faut en effet constater que cette épidémie a emporté Michel Foucault comme Jean-Paul Aron, Pierre de Ségovia comme Michael Pollak. Quant à Jean-Paul Sartre et Daniel Guérin, des ennuis de santé leur ont fait perdre la vie. De son coté, le désespoir existentiel a provoqué le suicide de Pierre Hahn. Raison de plus pour leur rendre hommage et faire perdurer leur mémoire. Heureusement, Guy Chevalier et Daniel Defert sont toujours parmi nous [1].

Comment ces entretiens ont-ils été possibles? D'abord par des liens d'amitié. C'est Pierre de Ségovia, avec qui j'avais fondé le FHAR de Nice et qui était en correspondance avec Pierre Hahn, lequel me présenta Jean-Paul Aron. C'est encore Pierre de Ségovia qui fit les premières approches qui me permirent d'accéder à Michel Foucault. C'est Simone de Beauvoir, avec qui j'avais une correspondance depuis des décennies, qui organisa mon rendez-vous avec Jean-Paul Sartre. C'est Michel Foucault qui me présenta son ami Daniel Defert. Des liens d'amitié et de complicité s'ensuivirent. Mais ce n'est pas pour autant que ces intellectuels s'appréciaient automatiquement entre eux: Daniel Guérin était par exemple très critique sur Jean-Paul Sartre, et Michel Foucault était excédé par les positions « simplistes » de Jean-Paul Aron et, on le lira, réciproquement.

C'est pourquoi cet ouvrage est, on l'aura compris, loin de la stricte notion de « communautarisme » dont se garga-

---

1 - La plupart de ces entretiens sont parus à des époques différentes dans des revues que je dirigeais tels *Gai Pied*, *Mec magazine*, le *3 Keller* — La revue du Centre gai et lesbien de Paris –, ou la revue *Triangul'ère* dont je suis collaborateur.

risent aujourd'hui certains « penseurs »[1]. Nous préférons, quant à nous, nous référer aux réflexions de Jacques Derrida, récemment disparu, au travers de ses conversations avec Elisabeth Roudinesco[2].

Je ne serais pas complet si je n'exprimais pas ici des regrets sincères, ceux de n'avoir pas eu le temps d'interroger quelques figures de premier plan. D'abord celle de Jean-Louis Bory, que je n'ai rencontré qu'une fois, en 1978, au festival de films de La Rochelle. Il était partant pour m'aider au lancement du journal *Gai Pied,* mais se disait épuisé. Son suicide en 1980 nous a terrifié[3]. J'ai également

---

1 - Voir notamment l'ouvrage d'Alain Minc *Épître à nos nouveaux maîtres* (Grasset, 2002) ou le dernier chapitre de l'ouvrage de Frédéric Martel *Le rose et le noir* qui fustige le « communautarisme » (1996, Ed. du Seuil).

2 - *De quoi demain...* dialogue entre Jacques Derrida et Elisabeth Roudinesco (Flammarion, 2001). Jacques Derrida déclare notamment « Il faut prendre en compte le contexte de la manière la plus fine possible sans céder au relativisme. Je ne suis partisan d'aucun "communautarisme" pur et simple, et en tant que tel. Mais dans certaines situations, qu'il faut analyser chaque fois de façon singulière, je peux être amené à prendre des positions qui peuvent ressembler, aux yeux des gens pressés, à cela même que je conteste: et le relativisme et le communautarisme. Et puis n'oublions jamais l'évidence massive, que tentent souvent de dissimuler (ou de se dissimuler) ceux qui se font les avocats éloquents de l'universalisme contre le communautarisme ou contre le différentialisme, du principe "républicain" contre le principe "démocratique". N'oublions jamais que les exemples de "communautés" que l'on associe sont toujours des communautés minoritaires (ou minorisées), sous-représentées, voire réduites au silence [...]. J'aurais également pu parler du phallocentrisme hétérosexuel qui dénonce le communautarisme prétendu des femmes et des Gays and lesbian. Comme cette "communauté" est la plus forte, comme elle est largement hégémonique dans le contexte de ce débat, on lui dénie plus facilement son caractère de communauté, et tous les intérêts communautaires qu'elle défend. »

3 - En se tirant une balle dans le cœur il y a dix ans, comme Jean-Louis Bory quinze ans plus tôt, l'écrivain Roger Stéphane — qui était lui aussi né

des regrets pour n'avoir pas rencontré Jean Genet avant son décès en 1986. Mais je ne l'ai jamais pourchassé dans Paris d'un hôtel à l'autre, ayant pourtant son adresse [1]. Je prenais en effet des nouvelles de lui par notre amie commune Léonor Fini, et je connaissais son allergie pour les journalistes. De toute manière, son long entretien avec l'écrivain allemand Hubert Fichte illustre de façon assez complète sa réflexion sur la question homosexuelle [2].

---

en 1919 — a fait le même geste. Roger Stéphane a été injustement omis de la célébration du soixantième anniversaire de la Libération de Paris alors qu'il fut à la tête de ceux qui prirent d'assaut l'Hôtel de Ville. À la fin de la guerre, cet homosexuel qui ne le cacha jamais, et même dans la Résistance, publia son premier roman *Portrait de l'aventurier* (Ed. Grasset, 1950) avec une longue préface de Jean-Paul Sartre. Il fut également co-fondateur de *France Observateur*, qui devint *Le Nouvel Observateur*, où écrivit longtemps Jean-Louis Bory dans d'importantes critiques sur le cinéma. Roger Stéphane côtoya également le Général de Gaulle et fut ami d'André Gide et d'André Malraux. Voir sa biographie récemment parue: *Roger Stéphane, biographie*, par Olivier Philipponnat et Patrick Lienhardt (Ed. Grasset, 2004).

1 - Tahar Ben Jelloun: « Genet n'a pas de bagages. Les objets n'encombrent pas sa vie. Ils n'existent pas. Il a juste une petite valise et habite toujours dans les hôtels, des hôtels situés souvent tout près des gares. Une façon d'être toujours prêt pour partir. Genet part souvent. Jamais pour des vacances. C'est un nuage fou. Fou et libre ». *Le Monde*, 21 septembre 1977. Jean Genet est décédé dans un hôtel du XIIIe arrondissement de Paris, sur la façade duquel une plaque doit être bientôt apposée.

2 - Cet entretien, réalisé en 1975, est paru dans le *Magazine littéraire* en 1981, repris in *L'Ennemi déclaré* (Gallimard, 1991), p. 141 à 176. L'année suivante, il écrivit un script pour un film, *Le Bleu de l'œil*, qui s'appela ensuite *La Nuit venue*, où la troupe des Mirabelles était prévue, un film dont je publiai en 1988 des extraits dans ma revue *Mec Magazine*. Il ne vit jamais le jour, comme l'opéra qu'il commença à réaliser, la même année, avec Pierre Boulez. Genet mourut en 1986 alors qu'il corrigeait les épreuves de son dernier livre *Un Captif amoureux* (Gallimard 1989), une « commande » de feu Yasser Arafat (voir sa biographie par l'écrivain américain Edmund White, Ed. Gallimard, 1993).

À tout le moins, l'ensemble de ces entretiens dessine l'émergence d'une nouvelle parole, des affiches de colère placardées dans la Sorbonne occupée à l'élaboration d'un discours structuré et revendicatif, formulé à partir d'une nouvelle vision de la condition homosexuelle et d'une solidarité collective enfin au rendez-vous, loin de la peur, de la honte et du « chacun pour soi ». C'est pour rendre hommage à ce surgissement, à ces courages et à ces hommes remarquables que cet ouvrage leur est dédié.

Enfin, cet ouvrage est tout autant dédié à ceux et celles qui ont aujourd'hui entre vingt et trente ans, qui n'ont connu ni le bouleversement de Mai 68 ni les âpres batailles politiques et médiatiques qui furent les nôtres. Car nous venons d'une barbarie et d'une cruauté sociale indéniables. Au delà de certains désespoirs existentiels et de l'hécatombe du sida, nous proposons à lire à cette nouvelle génération nos acquis, nos réflexions et nos témoignages. À eux et elles de s'emparer de cette nouvelle époque, de ses enjeux et ses espoirs. À eux et à elles d'éprouver de nouvelles stratégies et de nouvelles tactiques.

Et que vivent leurs amours.

Cette épaisseur que n'ont pas les hétérosexuels

Jean-Paul Sartre

Avril 1980

Une analyse sociale - La figure de Jean Genet
Homosexualité et trahison - Les accidents de notre histoire
Homosexualité et minorités

Certains personnages masculins de votre œuvre, tels Mathieu dans *Les Chemins de la liberté*, Roquentin dans *La Nausée*, ne semblent pas très persuadés de leur virilité et se questionnent sans cesse sur les rapports qu'ils entretiennent avec les hommes et les femmes. Pourquoi ?

Parce que ça correspond à peu près à moi, à ce que je me demande moi-même.

Est-ce qu'on pourrait dire, en écho au propos de Flaubert « Madame Bovary c'est moi », que le Roquentin de *La Nausée* et d'autres personnages de vos romans sont en quelque sorte des femmes travesties en hommes ?

Non, ce serait exagéré quand même d'aller jusque-là. Non, ce sont des hommes qui ont des rapports sexuels avec des femmes mais qui ne sont pas persuadés de leur virilité, qui ne pensent pas qu'être viril ce serait à leurs yeux une qualité essentielle.

Dans vos études sur Flaubert et Baudelaire, vous insistez sur leurs difficultés à se situer sexuellement. Vous voyez même dans l'écriture de Flaubert ou dans l'aspect dandy d'un Baudelaire une part douloureuse de féminité. Cette féminité vous paraît-elle importante, voire essentielle pour les comprendre ? Sans cette part de féminité, y aurait-il eu un Baudelaire, un Flaubert, un Mallarmé ?

Mallarmé en tout cas a une féminité d'un genre différent. Disons plutôt qu'il n'a pas du tout ce machisme de l'homme. Quant à Flaubert et à Baudelaire, il est possible et même très probable qu'ils aient eu des expériences homosexuelles. Ça paraît certain pour Baudelaire et on peut dire que pendant de longues années Flaubert a été amoureux de son ami Maxime. Il y a donc eu quelque chose de féminin chez l'un comme chez l'autre.

Dans votre *Baudelaire* vous semblez affirmer que l'écrivain endosse une certaine « féminité » parce qu'il ne gagne pas sa vie parmi les hommes. Est-ce que l'acte d'écrire est avant tout un acte féminin ?

Non, pas avant tout. Mais je constate qu'il devient de plus en plus féminin.

Est-ce que la composante féminine de l'écrivain est celle qui vous fait préférer la compagnie des femmes à celle des hommes, que vous avez déclaré trouver ennuyeuse ?

C'est possible, parce que je n'aime pas parler de mon métier qui d'ailleurs est à peine un métier. Et j'aime bien parler de sujets plus dégagés, plus gratuits peut-être. C'est très possible que ce soit une certaine manière de féminité qui me fasse préférer les femmes parce que cette préférence, bien que j'aime aussi les femmes du point de vue érotique, n'a absolument rien de sexuel originellement. C'est la préférence de leur conversation.

Vous voyez chez Genet une seule issue à son destin indécent, qu'il assume pleinement d'ailleurs : l'écriture. Pouvez-vous faire un parallèle entre l'écriture qui sauve Genet de sa condition et la vôtre qui, d'après *Les Mots*, vous aurait sauvé de votre enfance ?

Je n'y ai pas songé. Disons que l'arrachement était plus dur et plus bénéfique pour Genet ; Genet, enfant trouvé en quelque sorte, confié à des paysans puis mis en prison pour des vols ; c'est vraiment une enfance tragique, pour un gosse de l'Assistance publique, que de passer par la prison. Cependant il aimait bien les paysans chez qui il était. Il était assez heureux. Mais enfin, c'est une enfance tragique. Moi, je n'ai pas eu d'enfance tragique. Et je me suis arraché en effet à mon enfance parce que trop douillette, trop protégée. L'écriture, c'était une solitude. Mais il y a malgré tout dans la manière d'écrire de l'un et de l'autre un rapport, bien que les écritures et les circonstances d'où elles viennent soient très différentes.

Est-ce que, quand on se sent appelé à écrire c'est parce que l'on pressent un destin auquel on veut aussi s'arracher ? Est-ce qu'on sent un danger et est-ce qu'à ce moment-là on se met à écrire ?

Peut-être. À la condition de bien comprendre que l'on ne sait pas quel est le danger. On essaye de fuir quelque chose mais on ne sait pas quoi ; c'est une sorte d'état vague.

En écrivant dans *Saint Genet* « l'écriture est moyen érotique », est-ce que vous vouliez induire que l'écriture est orientée vers la séduction puisqu'elle est aussi une usine à fantasmes ?

Oui, elle peut l'être. Ça peut être dans le rapport à la séduction et à l'Éros en général de celui qui écrit. C'est ça qui crée l'aspect érotique de l'écriture.

Vous vous êtes intéressé aussi à des œuvres dont vous avez très tôt repéré « la puissance noire et magique » : Flaubert, Sade, Mallarmé et en dernier lieu Genet. Pourquoi un tel intérêt alors que finalement votre œuvre semble avoir un souci permanent de convaincre par le raisonnement solide, la dialectique ?

Je pense en effet que je me suis intéressé à la littérature secrète, et forcément cette littérature est pour l'essentiel érotique sauf dans des périodes de contrainte sociale, où il y a une littérature politique qui est également cachée. Mais à bien regarder, les grandes œuvres secrètes sont érotiques. Et je pense qu'on ne peut pas comprendre la littérature si on ne connaît pas aussi ces œuvres-là, si cette moitié obscure n'est pas accessible. Ceux qui connaissent uniquement Pascal, Saint-Simon et Boileau n'ont qu'une vue très incomplète de la littérature.

Mais Rimbaud ou Mallarmé avaient-ils un souci de précision dialectique ?

Ils avaient un sens de la précision, ce qui est très important. La précision pour la moitié sombre de la littérature est aussi essentielle et même plus que pour la littérature au soleil. Il y a une précision dans les poèmes de Baudelaire qui est très particulière, très sensible. Il y a une précision quand Genet se raconte à travers les mythes qu'il invente, toutes les images qu'il forge, il y a des idées qu'il exprime, et la littérature est certainement pour lui comme pour tant d'autres, comme pour moi, une construction précise qui peut avoir tout le vague et tout le lointain, tout le large du sublime, mais qui est constamment précise et essaye de définir une situation. C'est en cela que j'ai rencontré chez Sade aussi bien que chez les écrivains noirs du XIXe siècle, quoi qu'à des degrés différents, une espèce de rationalité noire.

Il y a dans vos *Écrits* un passage inédit de *Saint Genet* où vous dites : « La littérature comme la pédérastie représentent une issue virtuelle qu'on invente en de certaines situations et qui, en d'autres, n'est même pas envisagée parce qu'elle ne serait d'aucun secours. » Pourquoi faites-vous cette comparaison ?

C'est à propos de Genet, bien sûr. Et puis je trouvais que la façon dont Genet a assumé son état quand il était prisonnier, pour en faire réellement de l'homosexualité, ça ressemble à un homme qui est sans issue, complètement brouillé, perdu en face des autres et qui invente la littérature, c'est-à-dire qui invente d'écrire pour trouver une issue. En somme la volonté de la pédérastie dans Genet, la volonté de devenir entièrement pédéraste, d'accepter la violence qu'il subissait quelquefois par ses camarades de Mettray, et il voulait que la violence soit acceptée, demandée : du coup elle ne devenait plus violence. Un écrivain essaye de penser dans la liberté les rapports des gens entre eux et les violences qu'ils se font. On passe à une espèce de gratuité, d'acceptation et de volonté.

Dans *Saint Genet* on trouve cette phrase: « On ne naît pas homosexuel ou normal, chacun devient l'un ou l'autre selon les accidents de son histoire et sa propre réaction à ces accidents »; vous affirmez aussi: « C'est une issue qu'un enfant découvre au moment d'étouffer. » Disant cela, ne faites-vous pas de l'homosexuel le meilleur exemple de votre thèse existentialiste?

Sûrement, parce que quand j'ai pris la décision de faire une préface à l'œuvre de Genet j'ai pris l'homosexuel qu'était Genet comme le type même de l'homme qui s'est fait dans une situation... Finalement, Genet est homosexuel à la fois parce qu'il est orphelin et parce qu'il est voleur, parce qu'il est fait de vols. Alors l'homosexualité a été une espèce de reprise de tout cela et il est devenu, comme il le dit lui-même, *le* Voleur. Le Voleur, c'est en même temps le pédéraste ou plutôt l'homosexuel.

Pourquoi?

Je l'ai expliqué dans *Saint Genet*; Genet, naturellement, est un cas particulier; on ne peut pas dire ça de n'importe quel homosexuel, ni que tout homosexuel est un voleur: ça ne voudrait rien dire. Mais c'est le cas de Genet, il s'est trouvé voleur, maltraité par les adultes, jeté dans une prison et il a enfin trouvé des gosses qui étaient comme lui, voleurs, et qui l'ont traité sexuellement en victime. Il ne pouvait plus échapper à cette situation. Il était pris, il était aux mains des gosses et leur victime; à moins qu'il ne voulût, pour se dégager, justement être la victime. Il souhaitait l'être; il explique en effet plus tard qu'il y a d'autres pédérasties que la pédérastie passive. Alors il s'est donné pour devenir le garçon qui souhaite être pris, ce qui devient une des composantes essentielles de sa personnalité. Il a donc transformé une espèce de défaite — une capture — en une victoire, qu'il va désirer.

Et si l'on n'est pas homosexuel, est-ce par absence de circonstances ?

Non. Parce qu'on peut devenir poète sans passer par l'homosexualité. On peut y passer, ça dépend des circonstances. Par exemple, je crois que la seule issue pour Genet c'était de devenir homosexuel. Mais on peut imaginer des circonstances également contraignantes mais qui n'ont pas cette solution, cette issue sexuelle.

De Genet, vous avez d'ailleurs dit : « J'admire cet enfant qui s'est voulu. » Pourquoi une telle fascination pour ce choix précoce de la marginalité ?

Parce que choix, et choix précoce. Il fallait évidemment un choix d'un enfant de dix ans, qui ne peut être — s'il est profond — que la marginalité. Il ne peut pas suivre le chemin de tous car ce ne serait plus un choix : ce serait la force de tous qui s'imposerait. Et par conséquent ce choix personnel, profond et rigoureusement individuel, avec un seul but, c'est vraiment un acte de volonté formidable de la part d'un enfant.

Il y a un parallèle constant dans votre œuvre entre la fascination de l'ordre militaire, le refus de la violence et l'homosexuel à la recherche de fortes symboliques. Par exemple, l'homosexuel Daniel dans *Les Chemins de la liberté* applaudit l'arrivée des troupes allemandes dans Paris. Cette adhésion à l'ordre mâle se retrouve chez

Genet. L'homosexuel ne serait-il en politique qu'un traître virtuel ?

C'est possible. Je ne l'ai pas dit parce que dans un sens ça a cessé de me regarder. Je n'étais pas homosexuel, donc je ne pouvais pas le dire. J'aurais essayé de le penser ou de penser quelque chose d'équivalent si j'avais été homosexuel. Et je pense en effet que l'homosexuel est un traître en puissance. Mais il faut bien comprendre ce que ça veut dire. Le traître c'est l'aspect noir de la chose ; mais l'aspect blanc, doré, c'est que l'homosexuel essaye d'être une réalité profonde, très profonde. Il essaye de trouver une profondeur que n'ont pas les hétérosexuels ; mais cela même, cette profondeur qu'il essaye d'avoir avec simplicité, avec clarté, eh bien l'autre côté noir la reprend ; il y a dans l'homosexuel un aspect noir qui le définit, qui se fait sentir à lui et pas nécessairement aux autres.

Hitler a fait massacrer les SA en 1934 en prétendant que l'homosexualité était dangereuse pour l'ordre social. Staline venait juste de déclencher des rafles similaires. L'homosexuel n'est-il pas le nécessaire épouvantail que l'on dresse chaque fois qu'un régime cherche à consolider son pouvoir ?

Chaque fois, je ne sais pas. En tout cas c'est certainement un épouvantail que l'on dresse. Un régime fasciste est en général contre les homosexuels. Seulement n'oubliez pas que dans le régime hitlérien il y avait aussi l'inverse ; les Hitler Jugend étaient très souvent homosexuels ou en tout cas s'orientaient vers l'homosexualité. Il y avait ces deux aspects. Cette ambiguïté existe dans tous les exemples de fascisme, chaque fois qu'il y a des masses retenues, unifiées ou en exercice militaire. Dans tous ces cas il y a une tendance à l'homosexualité parce que les hommes sont toujours ensemble, dorment ensemble, vivent ensemble, ont des rapports plus ou moins intimes. Il y a donc une menace d'homosexualité ; je dis « menace » parce que les chefs fascistes savent à la fois qu'il y a de l'homosexualité qui naît avec le fascisme et, voulant être en même temps machistes, ils sont contre cette homosexualité. C'est la preuve qu'il y a les deux et cela fait la contradiction profonde d'un régime fasciste, disons dictatorial.

Mais cela a été aussi le cas de Staline.
Oui.

Pourquoi pas un mot dans vos écrits politiques sur l'extermination des homosexuels par Staline et Hitler ?
C'est parce que je ne savais pas exactement le type de ces massacres. Je ne savais pas s'ils étaient systématiques, combien ils avaient atteint de gens ; je n'étais pas sûr. Alors je pouvais reprocher une foule de choses à ces dictateurs, mais celles-là je ne pouvais pas les reprocher puisque je ne les savais pas.

À quoi attribuez-vous le fait que vous n'aviez pas la connaissance de ces faits historiques ?
Les historiens en parlent peu. Votre journal est fait pour dire des faits de ce genre. Vous en ferez de temps en temps des analyses.

Votre nouvelle *L'Enfance d'un chef*, dans *Le Mur*, met en scène Lucien Fleurier qui, comme *Le Conformiste* de

Moravia, refuse son homosexualité en se réfugiant dans l'ordre fascisant. Pensez-vous que c'est le cas de nombreux homosexuels à la recherche de solides références hiérarchiques ?

Je ne sais pas. Le cas de Lucien Fleurier indique bien que ce qu'il a refusé, c'est plutôt le désordre. Il sentait l'homosexualité non pas comme l'ordre mais comme le désordre. Et en effet Lucien Fleurier n'est pas un homosexuel. Il a une tentation mais il est essentiellement un hétérosexuel, quoi qu'il ait des tendances homosexuelles. En tout cas, le désir d'ordre ne semble pas lui venir de l'homosexualité : il l'a depuis longtemps.

Dans vos romans, certains personnages font de la sodomie l'acte dominateur par excellence, qui permet à un homme d'en soumettre un autre. Frantz dans *Les Séquestrés d'Altona* déclare : « Deux chefs, il faut que ça s'entre-tue ou que l'un devienne la femme de l'autre. » Pourquoi voir dans la sodomie passive une exécution capitale ?

C'est un peu une impression que j'ai eue et que j'ai développée à la suite de discussions avec Genet. Quand j'ai fait mon livre sur lui, j'avais la possibilité de lui parler, je faisais mes hypothèses et les lui soumettais. Quelquefois, malgré ses objections je gardais mon hypothèse, mais de temps en temps c'est lui qui avait raison. Et puis parce que je voyais ça comme ça. Je ne prétendais pas qu'en toutes circonstances c'est ainsi qu'il fallait le voir mais dans la situation de Frantz, jeté à l'armée par les Allemands — ses chefs —, je voyais ça comme une exécution. Il était tout le temps soumis à l'exécution et finalement c'était une exécution capitale puisqu'on le soumettait. Je vous dis là une destinée possible de l'homosexuel : la société hétérosexuelle le domine et le conduit plus ou moins sournoisement à une exécution capitale.

Ne pensez-vous pas qu'il manque une analyse importante de l'homosexualité refoulée qui existe dans la torture, le sport et dans toutes les institutions entre hommes ?

Je pense en effet que cela doit être analysé et ça existe certainement.

Ce tabou général qui frappe l'homosexualité n'a-t-il pas pour seule origine la terreur de la sodomie passive ?

C'est possible, c'est même probable.

L'homosexuel passif s'offre et se donne. Pour vous, il perd toute dignité. Il serait, ainsi que vous l'avez écrit, « une femme imaginaire qui prend son plaisir dans l'absence de plaisir ». Pourquoi une telle déconsidération qui semble frapper et englober autant l'homosexuel passif que toute femme qui aurait des rapports hétérosexuels ?

Lisez Genet : c'est lui qui donne cette impression. C'est lui qui dit qu'il n'a pas de plaisir ; il le recherche mais ne le trouve pas. Et quand il passe à ce rôle artificiel de l'homosexuel actif, il méprise un peu les homosexuels passifs quoiqu'il considère cependant l'homosexualité passive comme la véritable homosexualité. Il pense que c'est elle qui compte. L'autre, c'est une homosexualité devenue, où on devient homosexuel actif après avoir été réellement homosexuel passif. Et là, je me fiais à Genet puisque c'était de lui que je parlais.

Pensez-vous vraiment que toute sodomie passive crée une absence de plaisir ?

Non, il n'y a pas de raison. Mais il est certain que Genet ne semble pas avoir eu grand plaisir.

En 1980, que pensez-vous du statut social des homosexuels. Est-ce que cette minorité peut être absorbée par l'hypocrite libéralisation des mœurs ?

Non. Je pense que pour l'instant elle est obligée de rester assez isolée, d'être un groupe dans la société pudibonde, un groupe à part qui ne peut pas se fondre dans cette société, qu'elle doit la refuser et, d'une certaine façon, la haïr. Les homosexuels doivent la refuser mais la seule chose qu'ils puissent actuellement espérer, dans certains États, c'est une sorte d'espace libre où ils puissent se rejoindre entre eux comme aux États-Unis, par exemple.

Le gay savoir

Michel Foucault

Juillet 1978

La prise historico-politique de l'homosexualité - Juges, confesseurs et médecins - Échapper aux nouveaux discours Désir et plaisir - La masturbation comme interdit majeur La colonisation de l'enfance - Homosexualité et féminité L'origine de l'intolérance - Saunas et boîtes homosexuelles.

À quoi selon vous est dû le fait que ce premier volume sur l'histoire de la sexualité est, parmi vos livres, celui que vous pensez avoir été le plus mal compris ?

(*Long silence*) Difficile de dire si un livre est bien ou mal compris car, après tout, c'est peut-être celui qui l'a écrit qui l'a mal compris. Parce que le lecteur ne serait pas celui qui l'a bien ou mal compris. Je ne pense pas que l'auteur doive faire la loi sur son livre. Je dirais en tout cas que j'ai été surpris de la manière dont il a été accueilli par certains. En ce sens qu'il me semblait que l'on en était arrivé maintenant à une situation dans laquelle il était possible de reprendre un petit peu ces notions très utilisées, très surchargées, très usées aussi, par exemple de répression, et qu'il fallait voir un petit peu ce que ça signifiait et surtout comment on pouvait les faire fonctionner maintenant dans une situation et à l'intérieur d'un combat, d'un débat qui a tout de même changé de forme en ce sens depuis une vingtaine d'années.

Je crois que les choses se sont tassées maintenant et qu'un premier effet de, comment dire, surprise a été maintenant annulé. Ceci dit, l'effet de surprise était peut-être lié au simplisme de mes positions précédentes (*rires*), et au fait que l'on avait pu m'associer sans trop de problèmes à une conception un peu boy-scout de la lutte contre toute forme de répression quelle qu'elle soit, où qu'elle soit. Je pense qu'il y a eu là une espèce de petit effet de « bougé » si vous voulez, par rapport à des positions qu'on me prêtait, ou qui étaient celles de tel ou tel autre.

Certains militants homosexuels y auraient vu une critique totale de la nécessité d'une lutte sur l'homosexualité. Que pensez-vous de ce type de lutte et, dans votre œuvre, n'y a-t-il pas un anéantissement de ce type sectoriel de lutte à partir du moment où vous mettez en critique le mot homosexualité et sa connotation utilisée socialement ?

Bon, alors là je crois qu'en effet il faut être très précis. La notion d'homosexualité est une notion qui date du XIXe siècle, et est donc très tardive. Je pense que ce n'est pas simplement la notion qui est tardive. Je dirais que le découpage, parmi toutes les pratiques sexuelles, toutes les formes de plaisir, tous les types de lien que l'on peut avoir les uns avec les autres, le découpage de la région homosexuelle date en partie de cette époque-là. Par exemple, au XVIIIe siècle, au début encore du XIXe, les gens éprouvaient eux-mêmes leur rapport au corps, aux autres, éprouvaient leur liberté plus comme un libertinage que comme une sorte de catégorisation précise d'un comportement sexuel lié à une psychologie, lié à un désir. Donc, homosexualité, catégorie tardive.

Que cette catégorie d'homosexualité ait été reprise dans les luttes qui ont eu lieu à partir de la fin du XIXe siècle contre une certaine forme de morale, contre une législation, contre une jurisprudence, c'est absolument certain. Il suffit de voir la notion d'homosexualité en 1870, et voir si vous voulez que le grand débat sur l'homosexualité et contre la ségrégation de l'homosexualité démarre dans les vingt années qui ont suivi, pour bien se rendre compte qu'il y a un phénomène absolument corrélatif: on a voulu emprisonner des gens dans cette notion d'homosexualité, et tout naturellement ils ont retourné l'arme. Ça a été Gide, ça a été Oscar Wilde, ça a été Magnus Hirschfeld, etc.

Donc, quand je montre le caractère historique de cette notion d'homosexualité, ce n'est pas pour dire que vous avez eu tort de vous battre contre cette notion. Je dis au contraire qu'il fallait bien se battre puisque c'était la prise historico-politique que l'on a essayé d'établir sur une forme d'expérience, sur une forme de lien, sur une forme de plaisir que l'on voulait exclure. Maintenant, je pense qu'actuellement la notion même de sexualité, je ne parle même pas de la notion d'homosexualité, il faut vraisemblablement la réévaluer, ou plutôt en faire une nouvelle évaluation.

Il a été absolument indispensable dans les luttes précédentes de la prendre en quelque sorte au sérieux. Et de dire: nous avons devant nous, ou au-dessus de nous, des médecins, des pédagogues, des législateurs, des adultes, des parents etc., qui parlent de la sexualité. Eh bien, si vous voulez en parler, parlons-en. Et nous allons faire valoir les droits à la sexualité. C'est très bien. Cela ne veut pas dire que les droits de la sexualité sont tous reconnus. Disons qu'en tout cas le combat s'est à la fois élargi et solidifié.

Je crois que maintenant il va falloir faire en quelque sorte une sorte de saut en arrière, qui ne veut pas dire recul, mais qui veut dire reprise de la situation à une échelle plus large. Et se dire : mais au fond qu'est-ce que c'est que cette notion de sexualité ? Parce que si elle nous a permis de nous battre, elle porte aussi avec elle un certain nombre de dangers. Il y a tout un psychologisme de la sexualité, tout un biologisme de la sexualité, par conséquent toute une prise possible de cette sexualité par des médecins, par des psychologues, par les instances de la normalisation. Est-ce qu'il ne faut donc pas faire valoir contre cette notion médicobiologico-naturaliste de la sexualité, quelque chose d'autre ? Par exemple les droits du plaisir ?

Et ainsi échapper à un nouveau discours qui…

Et échapper à un nouveau discours qui se constitue en quelque sorte dans la traînée même des mouvements de libération. Autrement dit, il ne faut pas seulement libérer sa sexualité, il faut aussi se libérer du docteur Meignant [1]. Voilà. C'est-à-dire se libérer même de cette notion de sexualité. C'est un petit peu le mouvement que j'ai essayé d'esquisser. Qui n'est donc pas du tout une rupture avec les luttes, qui est une simple suggestion pour au contraire un élargissement des luttes et une sorte de changement de fond, de changement d'axe par rapport aux luttes.

Sinon c'est une simple lutte sectorielle qui s'épuise d'elle-même, avec ses propres mots.

1 - Le docteur Meignant fut un vulgarisateur de la notion de sexologie, et fondateur de la revue en kiosque *Union*.

Voilà. Par exemple je crois qu'il est très difficile de lutter dans les termes de la sexualité sans qu'à un moment donné on ne se trouve piégé par des notions comme : maladie de la sexualité, pathologie de la sexualité, normalité de la sexualité. D'où la nécessité de poser le problème autrement. C'est pourquoi, d'une façon qui est actuellement absolument en pointillé, pour laquelle je n'ai pas encore de contenu, j'avançais si vous voulez un peu le thème du plaisir. Qui me paraît, lui, échapper à des connotations médicales, naturalistes et qui portent avec elles la notion de sexualité. Il n'y a pas après tout de plaisir « anormal », il n'y a pas de « pathologie » du plaisir.

Et le plaisir est indiscutable en lui-même.

Voilà. C'était un petit peu cela, le mouvement du livre. Et je crois que les lecteurs ont maintenant rétabli ce sens.

C'était de prime abord une parole étonnante.

C'est sûr. Et de toute façon il n'y avait aucune critique contre les mouvements précédents mais plutôt le constat d'une situation historique, le constat qu'un combat ne peut pas se perpétuer toujours dans les mêmes termes, ce sans quoi il se stérilise, s'immobilise, et on se fait piéger. Donc un changement de front. Et par conséquent un changement de vocabulaire. Le changement d'objectifs est aussi absolument indispensable.

Une question beaucoup plus large : à partir de quoi percevez-vous les rapports sociaux comme une circulation permanente et impérative du désir ?

Que voulez-vous dire ?

Le désir qui passe par la société est phagocyté. Quand le plaisir ne se fait plaisir qu'à lui-même, la société se sent remise en question, exclue. À ce moment-là, les rapports sociaux ne sont plus aliénés aux rôles, aux impératifs de la société.

Mmm. Je suppose que la question tourne autour de cette notion de désir. Alors là, si vous voulez, je crois que le problème « plaisir-désir » est actuellement un problème important. Je dirais même que c'est le problème dont on a à débattre dans cette réévaluation, dans ce renouvellement en tout cas des instruments, des objectifs et des axes de lutte.

C'est un problème tellement difficile que je crois qu'il faudrait en parler très longuement, faire presque toute une discussion là-dessus. Je dirais schématiquement que la médecine et la psychanalyse se sont beaucoup servies de cette notion de désir comme précisément une espèce d'instrument pour la mise en intelligibilité, pour l'étalonnage par conséquent en termes de normalité d'un plaisir sexuel : dis-moi quel est ton désir et je te dirai qui tu es, je te dirai si tu es malade ou pas, je te dirai si tu es normal ou pas, et par conséquent je pourrai disqualifier ton plaisir ou au contraire le requalifier. C'est assez clair me semble-t-il dans la psychanalyse. Et en tout cas si l'on fait l'histoire même de la notion de désir depuis la concupiscence chrétienne en passant par l'instinct sexuel des années 1840 jusqu'à la notion freudienne et post-freudienne de désir, je crois que l'on verrait assez bien comment fonctionne cette notion.

Il est certain que l'usage qu'en font Deleuze et Guattari est tout à fait différent[1]. Mais mon problème, c'est de savoir

1 - Voir *L'Anti-Œdipe* (Ed. de Minuit, 1972) écrit par Deleuze et Guattari. Deleuze préfacera un ouvrage de Guy Hocquenghem tandis que

si à travers ce mot, malgré la différence de sens, on ne risque pas de laisser se réintroduire, contre la volonté même de Deleuze et Guattari, quelque chose comme ces prises médico-psychologiques que le désir, au sens traditionnel, avait porté avec lui. Alors qu'il me semble qu'en utilisant le mot de plaisir, qui à la limite ne veut rien dire, qui est encore me semble-t-il assez vide de contenu et vierge d'utilisation possible, en ne prenant le plaisir pour rien d'autre que finalement un événement, un événement qui se produit, qui se produit je dirais hors sujet, ou à la limite du sujet, ou entre deux sujets, dans ce quelque chose qui n'est ni du corps ni de l'âme, ni à l'extérieur ni à l'intérieur, est-ce qu'on a pas là, en essayant un peu de réfléchir sur cette notion de plaisir, un moyen d'éviter toute l'armature psychologique et médicale que la notion traditionnelle de désir portait en elle?

Tout cela, c'est des interrogations. Je ne tiens pas fondamentalement à la notion de plaisir, mais je suis assez nettement hostile à la notion prédeulezienne, non deleuzienne de désir. Disons que c'est de l'ordre de la précaution méthodologique. L'essentiel, c'est cette notion d'événement non assigné et non assignable à un sujet. Alors que la notion disons XIXe siècle du désir est premièrement et fondamentalement rattachée à un sujet. Ce n'est pas un événement, c'est une espèce de permanence caractéristique des événements d'un sujet, qui permet à ce titre de faire précisément une analyse du sujet, une analyse médicale du sujet, une analyse judiciaire du sujet. Dis-moi quel est ton désir, je te dirai qui tu es comme sujet.

Guattari sera inculpé en 1973 pour le numéro spécial sur le FHAR de la revue *Recherches* dont il était le directeur.

En quoi la masturbation, davantage que l'inceste, vous semble le tabou majeur au niveau de la sexualité de la famille bourgeoise du XIXe siècle ?

La masturbation me paraît en effet un point clé. Parce que c'est bien à partir de l'interdit pour l'enfant de la masturbation que s'instaure le rapport contraignant à la sexualité. Il vit son corps, il vit son plaisir sous le signe de l'interdiction dans la mesure où se trouve interdit ce plaisir immédiat de son corps et cette fabrication de plaisir de son propre corps qu'est la masturbation.

Deuxièmement, c'est, si l'on veut, l'interdit majeur, mais c'est en même temps ce à partir de quoi on a historiquement constitué un savoir proprement dit de la sexualité. Puisque quand on regarde comment les choses se sont passées, jusqu'aux XVe-XVIe siècles, ce que l'on demandait aux gens, à savoir de leurs désirs, ce qu'on leur demandait d'avouer de leurs désirs, c'étaient des pratiques qui étaient toujours de l'ordre de la relation. C'est-à-dire que c'était en quelque sorte de l'ordre de la sexualité juridique : est-ce que tu rends bien ton devoir conjugal à ta femme ? Est-ce que tu ne trompes pas ta femme ? Est-ce que tu la baises bien dans le sens où le droit de la nature l'impose ? Est-ce que tu ne vas pas avec une autre ou un autre partenaire ? Est-ce qu'à la limite ton partenaire ne serait pas un animal ? Juridiction donc relationnelle du sexe. Cette juridiction relationnelle porte sur les pratiques réelles et non sur les intentions, ou sur les désirs, sur ce qu'on appelait les concupiscences.

Or, ce que l'on voit apparaître au XVIe siècle avec toute la grande réforme de la pédagogie et ce que l'on pourrait appeler, si vous voulez, la colonisation de l'enfance ou plutôt le découpage de l'enfance comme catégorie chronologique, spéciale dans la vie des individus, à partir de ce moment-là, on voit apparaître dans les manuels de confession, dans les traités de direction de conscience etc., ce problème essentiel qui est : « Est-ce que ton désir ne porte pas avant tout et essentiellement sur toi-même ? » Et c'est très curieux de voir comment dans les manuels de confession la question fondamentale n'est plus : « Est-ce que tu trompes ta femme ? » ou « Est-ce que tu t'envoies une femme qui n'est pas la tienne ? » La première question est : « Est-ce qu'il ne t'arrive pas de pratiquer sur toi-même des attouchements ? » De telle sorte que c'est le rapport de soi à soi qui prime.

Et, à partir de là, va se développer tout un savoir qui ne sera plus la connaissance en quelque sorte du statut juridique des relations entre sexes, mais la connaissance de l'intimité du sexe lui-même, dans sa genèse, dans ses premiers mouvements, dans ses toutes premières impressions, et dans ce rapport de soi à soi. Et du coup, va naître une toute nouvelle psychologie, qui n'aura pas tellement à faire avec le droit des sexes, mais avec la nature immédiate de la sexualité. Et c'est là que va naître, à la charnière de la confession chrétienne et de la médecine, la notion même de sexualité.

La sexualité va remplacer la concupiscence. La concupiscence était le désir d'un rapport. La sexualité, c'est quelque chose que l'on a à l'intérieur de soi, une espèce de dynamique, de mouvement, de perpétuelle pulsion qui s'oriente vers un premier plaisir qui est le plaisir du corps propre. Donc la masturbation se situe à une position stratégique très importante dans l'Occident puisque c'est la forme première de l'interdit et historiquement la forme première de problématisation de la sexualité. Voilà pourquoi j'accorde une telle importance à la masturbation. C'est intéressant de voir comment, chez les catholiques comme chez les protestants, à la même époque, XVIe-XVIIe siècles, ça va être le problème essentiel. Vous allez avoir au XVIIIe siècle toute la grande campagne contre la masturbation des enfants, et ce fameux mythe qui se formule avec fracas à la fin du XVIIe siècle et au début du XVIIIe siècle, qui nous dit que l'espèce humaine risque de dépérir si se répand cette maladie toute nouvelle qu'est la masturbation. Par un phénomène très curieux, la masturbation est presque vécue comme une épidémie récente que les générations antérieures n'avaient jamais connue. Alors mon hypothèse est en fait que, d'une part, ce qui était nouveau, c'était que ça fasse problème.

C'est cette nouveauté qui a été en quelque sorte déplacée : on a prétendu qu'en fait c'était la masturbation qui était nouvelle, alors que c'était le problème qui était nouveau. Mais d'autre part, je crois aussi qu'il faut rajouter que dans la mesure où toute la pratique pédagogique, tous les jeux de surveillance, d'inquiétude et d'angoisse qu'il pouvait y avoir entre les enfants et les parents, a commencé à tourner autour de ces plaisirs solitaires, autour de cette volupté de soi-même à soi-même. Le corps de l'enfant est devenu une espèce d'enjeu pour les parents, donc pour les enfants aussi. Du coup, la masturbation s'est effectivement vraisemblablement intensifiée, dans sa pratique peu importe, mais dans sa valeur certainement. Et c'est devenu de plus en plus important de se masturber ou de ne pas se masturber.

C'est devenu un repère.

C'est devenu un repère et un enjeu de lutte entre les enfants et les parents. Et se masturber à la barbe de ses parents est devenu pour les enfants un comportement très important qui a eu vraisemblablement des conséquences psychologiques qu'autrefois le même geste n'avait absolument pas. Et l'on peut bien dire qu'il y a eu au XVIIIe siècle une véritable fabrication de la masturbation, une véritable invention.

Donc l'homosexualité n'est pas la première invention du savoir médical.

Non, la première invention c'est la masturbation, liée au découpage de cette sorte de réalité nouvelle de la sexualité par rapport à ce qu'était la concupiscence et le rapport entre sexes.

Je reprendrai peut-être mes questions dans un ordre différent. La suivante concerne les homosexuels. Pourquoi peut-on penser que le plaisir qu'ils trouvent à l'être en manifestant tendresse et bonheur s'avère davantage irrecevable socialement que le fait de le dire, ou que l'acte sodomitique ?

Bon, alors je crois que cette question est importante. Je ne suis pas sûr que ce que je dis est vrai. Mais mon impression, c'est qu'en somme on accepte la pratique, sodomitique si vous voulez, ou homosexuelle. Premièrement on tolère le plaisir, mais on n'accepte pas le bonheur. On accepte la pratique, c'est un fait de constatation. Parce que la pratique sodomitique n'est pas seulement un fait homosexuel, car elle est aussi hétérosexuelle.

Deuxièmement, au fond, aussi rigoureuse et puritaine qu'ait été la civilisation chrétienne, ce rigorisme ne pouvait fonctionner qu'avec bien entendu une certaine marge de tolérance qui en était la condition de fonctionnement. Tout comme la délinquance est la condition de fonctionnement du système pénal, tout comme c'est parce qu'il y a des crimes impunis qu'on peut en punir d'autres : si on punissait effectivement tous les délits, ça ne marcherait plus (*rires*). Bref, l'illégalisme fait partie du fonctionnement de la loi. Et par conséquent les pratiques interdites font partie du fonctionnement de la loi qui les interdit. À cause de cela, on tolère, on accepte même les pratiques licencieuses.

On tolère les plaisirs. Je dis qu'on les tolère parce que je me demande s'il n'y a pas, dans les sociétés comme les nôtres, depuis au moins un certain nombre d'années, une sorte d'élargissement de l'économie du plaisir. C'est-à-dire des sociétés qui n'admettent pas seulement tous les désirs, toutes les pratiques, mais pas non plus tous les plaisirs. Il y a une certaine qualité de plaisir, une certaine somme de plaisirs qu'il est au fond scandaleux de montrer. D'autant que dans cette nouvelle économie du plaisir, ce dernier passe pour être quelque chose de finalement un peu indispensable mais partiellement important. Après tout le plaisir passe comme jeunesse se passe : si c'est ça leur plaisir, qu'ils le prennent donc, ça ne les mènera pas à grand-chose ; on sait bien qu'ils auront assez de peine et de chagrins, et qu'ils paieront assez cher ce plaisir qu'ils prennent ; par leur solitude, par leurs ruptures, par leurs disputes, par leur haine, par leurs jalousies, etc. Plaisir qu'on sait compensé et par conséquent qui ne gêne pas.

Mais le bonheur justement ? Qui fait que le plaisir n'est pas racheté par quelque chose comme un malheur fondamental ? Alors là, c'est la chose qui fait sauter le principe de cette économie compensée des plaisirs, et qui est intolérable.

Car alors si non seulement ils font sans s'en cacher ce qu'il est interdit aux autres de faire, si non seulement ils en éprouvent du plaisir, mais que par-dessus le marché rien ne viendra compenser ces plaisirs et constituer le retour de bâton de ces pratiques interdites, alors tout saute.

S'ils ne peuvent même pas se punir.

S'ils ne peuvent même pas se punir ? Et c'est pourquoi finalement je crois que deux homosexuels, non, deux garçons qu'on voit partir ensemble pour aller coucher dans le même lit, on les tolère, mais si le lendemain matin, ils se réveillent avec le sourire aux lèvres, ils se tiennent par la main et s'embrassent tendrement et affirment ainsi leur bonheur, là on ne leur pardonne pas. Ce n'est pas le départ pour le plaisir qui est insupportable, c'est le réveil heureux.

On peut parler de l'acte sodomitique. La tolérance se situe au niveau de la parole. Mais le bonheur n'a plus de parole. Il est donc indiscutable. On ne peut plus manœuvrer l'événement qui a eu lieu. Dire et nommer deviennent insuffisants. Le fait irradie de lui-même, donc là on exclut.

Vous avez tout à fait raison. Car après tout un désir, en tout cas une pratique, ça peut toujours s'expliquer. Il y aura toujours un homo qui aura vu ses parents se sodomiser et par conséquent sa pratique sera explicable. Mais son bonheur ?

C'est là que ça fait trop problème.

Il y aura eu entre les deux du plaisir. Plaisir oui, si on sait qu'il y a de l'angoisse derrière. Dans le cas de l'acte, il y a le fantasme qui fonde le désir sous cette forme-là. Mais qu'y a-t-il derrière le bonheur ? Nos puissances explicatives n'ont plus rien à dire, et c'est cela que l'on ne tolère pas. Il n'y a pas d'angoisse derrière le bonheur, il n'y a pas de fantasme derrière le bonheur.

On observe dans l'imagerie des homosexuels comme chez certains d'entre eux une approche voire une identification avec la féminité. Y aurait-il un « devenir femme » dans l'homosexualité masculine ?

(*Rires*). Bon, si vous voulez on va laisser de côté l'expression « devenir femme ». Bon, là on a encore un problème très important.

Je veux parler non seulement de l'imagerie des homosexuels mais aussi de cette identification, cette approche de la féminité, voire le travestisme.

Oui, mais c'est archi-compliqué. Je n'y vois vraiment que du feu. Ceci dit, il y a une chose qui est certaine, c'est qu'historiquement quand vous regardez ce qu'ont été les pratiques homosexuelles telles qu'elles ont affleuré de façon manifeste, il est absolument exact que la référence à la féminité a été très importante, certaines formes au moins de féminité. Voyez en effet tout le problème du travestisme : il n'a pas été forcément lié à l'homosexualité, mais il l'a été tout de même en partie.

Je dirais d'ailleurs que le travestisme a plus souvent été lié de fait à l'hétérosexualité qu'à l'homosexualité. C'est-à-dire qu'un des grands lieux de travestisme a, par exemple, été l'armée : des femmes qui s'habillaient en garçons et suivaient comme ça l'armée en menant une vie de putain ou de gourgandine, ou de femme vorace (*rires*). Ces sociétés, armée, couvent, à institution fortement monosexuelle appelaient le travesti dans le cadre de l'hétérosexualité. Après tout Chérubin travesti certes, mais travesti hétérosexuel justement.

Lorsque l'homosexualité est devenue cette catégorie médico-psychiatrique dans la seconde moitié du XIXe siècle, ce qui me frappe c'est qu'elle a été immédiatement analysée selon une grille d'intelligibilité qui a été celle de l'hermaphrodisme. Qu'est-ce qu'un homosexuel, ou sous quelle forme l'homosexuel fait-il son entrée dans la médecine si ce n'est sous la forme de l'hermaphrodisme ? C'est-à-dire quelqu'un dont l'intérêt sexuel se serait en quelque sorte dédoublé et qui porterait en lui une sorte de gémellité, faisant de lui à la fois un homme et une femme. On a avancé la notion d'hermaphrodisme psychique, ce qui a entraîné, vous le savez, toutes sortes d'analyses (*rires*) et toutes les interventions de transformation hormonale.

Puis il y a eu cette espèce de jeu très compliqué qui a fait que toutes les prises que l'on a voulu opérer par l'intermédiaire du savoir de la médecine et de la psychiatrie, on les a retournées. Hermaphrodites nous sommes ? Eh bien, allons-y ! Et je serai encore plus femme que le médecin prétend que je suis. Et entre l'analyse de l'homosexualité par la féminité secrète et le défi de la folle s'affirmant comme femme, il y a certainement une correspondance historique qui a joué. Une réponse par le défi du similaire. C'est ça que tu veux que je sois ? Eh bien, je serai en effet absolument semblable à ce que tu souhaites, je serai même beaucoup plus semblable que tu ne le crois, au point que tu vas en rester finalement sur le cul (*rires*).

C'est très visible dans la théorie du troisième sexe de Magnus Hirschfeld. La mise en avant de l'erreur chromosomique ou de gêne, et qui va poser les limites de la riposte de ce premier mouvement homosexuel du début du siècle. Cette identité, errante en quelque sorte, a vite prêté le flanc à la récupération.

Tout à fait. Et là on voit très bien la complexité de tous ces jeux : les médecins qui commencent par dire : « Mais ce sont des hermaphrodites, ce sont donc des dégénérés », et les mouvements homosexuels qui rétorquent : « Mais puisque vous nous considérez comme étant un mélange de sexes, nous avons donc une sexualité spécifique. Nous sommes soit les deux sexes à la fois, soit un troisième sexe qui consiste à en avoir deux. »

Donc les homosexuels de se travestir.

Et les homosexuels de se travestir. Et là-dessus, les médecins de dire : « Troisième sexe d'accord, mais ça va s'arranger avec un bon traitement hormonal, vous allez voir. » Ce à quoi les folles répliquent : « Mais de vos hormones nous ne voulons pas. Ou alors si nous en voulons, ce sera pour nous transformer réellement en femmes. Ce sont des hormones de femmes que nous voulons. » Bref on assiste donc à toute une série de mouvements qui sont stratégiquement analysables.

Et qui s'appellent les uns les autres.

Exactement.

Et qui sont à la recherche d'une négation d'identité ou d'une nouvelle identité.

Oui, une sorte de zigzag de stratégies qui se répondent l'une l'autre et qui sont très intéressantes. Ce qui fait qu'ainsi cette question de la féminité se retrouve posée au cœur de l'homosexualité avec beaucoup d'ambiguïté. Car elle donne une prise à la médecine. Mais elle a permis plus récemment de déployer une contre-attaque et une stratégie inverse. Et de dire : « Mais après tout, cette question de la féminité, comment est-elle traitée en général dans une culture phallocratique comme la nôtre ? »

Du coup, s'est présentée une possibilité stratégique de rapports avec les mouvements féministes. Et le droit, en effet, pour les homosexuels de dire : « Notre goût pour les hommes n'est pas une autre forme du culte phallocratique mais bien une certaine manière à nous, qui sommes pourtant hommes, de poser la question de la féminité. De la poser nous aussi. » C'était politiquement très intéressant.

Car ce qui semble se passer aux États-Unis actuellement pourrait ressembler à une sorte de mouvement de reflux, comme si on se rabattait sur le machisme monosexuel, où les hommes affichent tous les signes de la masculinité pour rester entre eux. Comme si on avait baissé à nouveau un rideau de fer entre hommes et femmes. Les homosexuels à moustache, tout pileux, sont devenus le type morphologiquement érotisé de l'homosexuel d'aujourd'hui. Il faut qu'il ait au moins trente-cinq ans, qu'il soit baraqué comme un joueur de baseball, qu'il ait une énorme moustache et du poil partout. À cela s'ajoutent les casquettes de motard, les pantalons en cuir, les blousons, les chaînes, etc.

Mais finalement, quand on regarde cela d'un peu plus près, ce qui me frappe, c'est que tous ces accoutrements, toute cette mise en blason de la masculinité, ne coïncident absolument pas avec une revalorisation du mâle en tant que mâle. Car au contraire, à l'abri des regards et sous le signe de ces blasons si masculins, ce qui se déroule ce sont des types de rapports sexuels masochistes ou d'affirmation masochiste, où il n'y a aucune valorisation du mâle en tant que mâle. Absolument pas. Au contraire, cela va être des usages du corps qu'on peut définir comme désexués, comme dévirilisés, que ce soit le *fist fucking* ou d'autres fabrications extraordinaires de plaisirs auxquels les Américains arrivent en s'aidant d'un certain nombre de drogues ou d'instruments.

Par ailleurs, les rapports de ces hommes entre eux dans la vie quotidienne, avec également parfois des pratiques de vie sexuelle communautaire, sont tendres et affectueux. Bref, on utilise les signes de la masculinité mais pas du tout pour revenir à quelque chose qui serait de l'ordre d'un phallocratisme ou d'un machisme, mais bien plutôt pour s'inventer, pour se permettre de faire de son corps masculin un lieu de production de plaisirs extraordinairement polymorphes et détachés des valorisations du sexe et particulièrement du sexe mâle.

Or c'est bien un petit peu ce qui se passe aussi dans les mouvements féministes, me semble-t-il. Regardez ce que disent Pascal Bruckner et Alain Finkielkrault dans *Le Nouveau désordre amoureux*[1] où il y a, sur précisément le plaisir et cette nécessité de se détacher de la forme virile du plaisir commandé par la jouissance au sens éjaculatoire et masculin du terme, des pages qui valent autant sur la sexualité

---

1 - *Le Nouveau désordre amoureux*, Bruckner et Finkielkraut, Grasset, 1976.

féminine que sur la sexualité de ces homosexuels. C'est d'une assez étonnante similitude avec ce qu'est aujourd'hui la sexualité homosexuelle aux États-Unis.

Cette nouvelle avancée permet vraisemblablement de s'affranchir de cette idée, qui a certes été stratégiquement intéressante, que l'homosexualité masculine aurait un rapport fondamental avec la féminité. Il faut aujourd'hui prendre sans doute du recul avec cette idée. Et par conséquent essayer de penser l'homosexualité comme un certain rapport au corps et aux plaisirs qui n'a pas à se rendre intelligible en soi en se référant à la féminité.

On voit également, par exemple dans la publicité ou dans la mode, à quel point la féminité est une invention de l'homme pour l'homme au travers de la femme objet. Finalement, il n'y a pas plus féminin qu'un travesti. On le vérifie dans la fascination de certains hommes découvrant au travers de la gestuelle démystificatrice du travesti toutes les ruses de ce qu'il croyait être de la féminité pure. C'est comme la projection hors de soi d'une fantasmatique qui a changé d'objet.

Oui, tout à fait.

Mais ces attributs masculins américains dont vous parlez sont ici ceux des loubards, qui ne manquent pas d'agressivité à notre encontre.

Oui, mais autant que je sache, car les choses changent vite aux États-Unis. Je me trouvais il y a deux ans en Californie, et il ne m'a jamais semblé qu'il y eut là-bas un conflit entre les homosexuels porteurs de casquettes et de blousons et l'équivalent des loubards outre-Atlantique. Ce qui est effectivement plus intriguant à Paris, c'est que vous savez bien qu'un garçon ne peut se promener le soir dans certains quartiers avec un perfecto sans être l'objet d'agressions de la part de loubards qui lui demandent de quel droit il s'habille de la sorte. Inutile de dire que si les loubards en question soupçonnent qu'il est homosexuel, ce n'est pas simplement le perfecto qui va être volé, c'est le gars qui va voler en éclats. On a ici ce problème difficile entre les homosexuels et cette marginalité visiblement agressive. C'est une tradition en France que les homosexuels se fassent casser la gueule. Il y eut un temps par exemple où ce n'étaient pas les loubards mais les militaires qui faisaient leur service à la caserne Duplex et qui allaient le soir casser la figure aux pédés au Champ-de-Mars. C'était la distraction: aller se payer un pédé. Je crois que ce problème n'a été ni bien ni suffisamment abordé. Je ne sais pas si dans les mouvements homosexuels il y a un débat assez large sur cette question.

Non, pas vraiment. Il y a toujours eu chez les loubards cette fascination-répulsion pour les pédés. Et dans les groupes de loubards constitués sur un désir homosexuel latent, on va chercher hors de la bande l'exutoire. Quelqu'un qui n'est surtout pas eux-mêmes. Dans le mouvement homosexuel, il est seulement débattu de la question de l'autodéfense. Le problème de fond, c'est celui d'une agression entre hommes, et il n'est pas résolu.

Est-ce qu'un mouvement comme « Marge » [1] a jamais posé ce problème?

---

1 - Marge: titre de presse d'un groupuscule libertaire du même nom, empreint de la « vérité révolutionnaire ».

Je ne crois pas.

Il me semble que c'est là qu'il devrait être. Après tout, que les pédés s'interrogent sur les raisons qui font que les loubards les attaquent est intéressant mais un peu spéculatif (*rires*).

J'ai un ami en banlieue qui laissait son appartement aux loubards de sa cité qui, du coup, avaient de la sexualité entre eux. Cela lui a permis d'aborder la question de l'homosexualité et de faire qu'ils cessent de casser la gueule aux pédés.

Il a fallu qu'ils s'enculent combien de fois pour arriver à ce résultat merveilleux? (*Rires.*)

En quoi la pratique des saunas est-elle une confrontation de son corps avec celui des autres?

(*Rires.*) Ah la la. On en avait déjà parlé je crois. Il y a au départ ma surprise qu'on lise souvent, et pas seulement en France d'ailleurs, des critiques contre telle ou telle pratique sexuelle: vivre en ménage avec un garçon, c'est pas bien parce que c'est bourgeois. Faire furtivement l'amour dans les tasses, c'est pas bien, c'est accepter le ghetto bourgeois. Troisièmement, entrer dans un sauna et s'envoyer en l'air avec des gens dont on ne sait même pas le nom, avec lesquels on n'échange même pas un mot...

C'est de la consommation.

C'est de la consommation, et par conséquent (*rires*), c'est le monde bourgeois. Bon. Tout cela m'apparaît un petit peu naïf. Toutes ces choses-là, par définition et comme pour tout le reste, ça n'a de sens que stratégique. C'est stratégiquement important de vivre de la façon la plus explicite, avec quelqu'un qu'on aime, qui se trouve être un garçon si c'est un garçon, un homme si c'est un homme, un vieillard si c'est un vieillard. C'est stratégiquement important, quand on rencontre un garçon dans la rue, de l'embrasser et éventuellement de faire l'amour avec lui, et derrière un bosquet si on en a envie. De la même manière, je dis que c'est important qu'il y ait des endroits comme les saunas où, sans qu'on soit emprisonné, épinglé dans sa propre identité, dans son propre état civil, son passé, son nom, son visage, etc., on puisse rencontrer des gens qui sont là et qui ne sont pour vous, comme l'on est pour eux, rien d'autre que des corps avec lesquels les combinaisons, les fabrications de plaisir les plus imprévues sont possibles. Cela fait absolument partie d'expériences érotiques qui sont importantes, et qu'il est je dirais politiquement important que la sexualité puisse fonctionner comme cela.

Il est simplement regrettable qu'il n'y ait pas des endroits de ce type pour l'hétérosexualité. Pourquoi après tout ce ne serait pas quelque chose d'assez merveilleux pour les hétérosexuels qui le voudraient de pouvoir comme ça, au milieu de la journée ou de la nuit, entrer dans un endroit doté de tous les conforts et de toutes les possibilités (*rires*), de tous les bien-être que l'on peut imaginer ? Y rencontrer des corps à la fois présents et fugitifs ? Des endroits dans lesquels on se désubjectivise, c'est-à-dire qu'on se désassujettit de la façon, je ne dis pas la plus radicale, mais en tout cas d'une façon suffisamment intense pour que ce moment soit finalement important.

On pourrait même dire que c'est subversif dans la mesure où l'on n'est jamais autant épinglé que par soi-

même, et donc, là, surpris dans la propre idée que l'on a de soi-même de par son identification sexuelle, de par les codifications que l'on a donné à des plaisirs auxquels on veut se tenir. Anonyme dans un sauna, on est également libre de se déposséder de cela aussi. Les autres se trouvant dans la même situation, il peut nous arriver véritablement des choses sur notre propre rapport à nous-mêmes. Cet anonymat-là est subversif.

Absolument. Les intensités du plaisir sont bien liées au fait qu'on se désassujettit, que l'on cesse d'être un sujet, une identité. Comme une affirmation de la non-identité. Non seulement parce que l'on laisse sa carte de visite au vestiaire, mais parce que la multiplicité des choses possibles, des rencontres possibles, des amoncellements possibles, des branchements possibles, fait qu'en effet on ne peut pas ne pas être identique à soi-même. On peut même dire qu'à la limite ça désexualise (*rires*). En ce sens que ce moment constitue une espèce de plongée sous-marine suffisamment intense pour que l'on en ressorte sans désir, à la fois au sens strict, et au bon sens du terme. Sans rien de cet appétit et sans rien de ce lancinement qu'on garde parfois, et même après des rapports sexuels relativement satisfaisants.

Et puis il est finalement important de savoir, il faudrait savoir comme ça que n'importe où, dans n'importe quelle ville, il y a toujours une sorte de grand sous-sol, ouvert à qui veut, au moment où on le veut, un escalier qu'il suffit de descendre (*rires*), bref un endroit merveilleux où l'on se fabrique, pendant le temps que l'on veut, les plaisirs que l'on veut [1].

---

1 - La description faite ici par Michel Foucault correspond au Continental, sauna en sous-sol, le plus grand d'Europe, et qui était situé non loin de l'Opéra de Paris.

Cela permet aussi de réaliser à quel point les crispations sexuelles peuvent faire certains dégâts dans beaucoup des vies. L'hétérosexualité peut être davantage sujette à ces malaises parce qu'elle n'a pas ces lieux, cette possibilité de régénérescence.

Vous savez, quand l'on songe à ces malheureux hétérosexuels qui n'ont finalement que leur femme, la maîtresse ou la prostituée... (*rires*).

Dans le plus riche des cas de figure !

Dans le plus riche des cas de figure. Vous savez, ils sont assez à plaindre. Il y a tout de même là une expérience importante.

Parlons des boîtes. On en a également déjà discuté. Ne sont-elles pas une réaffirmation des rôles, de l'argent ? Elles sont bien moins harcelées par la police que les jardins ou les saunas. Je ne parlerai pas de ghetto, car la phraséologie militante met dans le même sac les lieux régénérateurs et les lieux d'aliénation. Qu'en pensez-vous ?

Alors là, je ne vous suivrais pas tout à fait. Certes, je viens de faire l'éloge du sauna (*rires*). Mais je ne voudrais faire la critique de rien. Je ne crois pas qu'il faille en tout cas dire que le sauna c'est bien mais que la boîte, c'est pas bien. Les boîtes, après tout, vous savez...

Au Japon par exemple, ça existe. Il y en a même des milliers. À Tokyo, à Kyoto. Des toutes petites boîtes où l'on ne peut pas loger à plus de cinq ou six (*rires*). Oh, on n'y fait pas grand-chose : on est assis sur son tabouret, on bavarde, on boit, on se saoule. De fait, il y a peu de possibilités de rencontres. L'arrivée d'un étranger ou de quelqu'un qui n'est pas un habitué de la boîte est un événement car généralement ce sont des habitués, ou toujours les mêmes gens qui s'y retrouvent. Il y a là une sorte de vie communautaire qui, dans une société comme celle du Japon, est importante parce que le mariage y est une figure obligée. Le soir, ils vont donc dans leur boîte pour y retrouver leur petite communauté un peu mobile, avec ses fidèles et ses usagers. Alors après tout, pourquoi une boîte ne serait-elle pas plaisante ?

Certes, et c'est valable pour les saunas, se branche sur ces lieux tout un racket : économique, policier, truand, qui modifie de beaucoup le sens positif que pourrait avoir ces lieux. Vient également se superposer à cela toute une série de comportements que l'on peut qualifier de « théâtre homosexuel » : les gens viennent se montrer, pour leur beauté, pour la beauté de leurs amants, pour montrer aux autres leur mépris, pour marquer des distances, pour se faire voir, etc. « Regarde-moi, mais bas les pattes ». Ou bien : « Comment oses-tu me regarder, moi qui n'ai pas envie de jeter un regard sur toi ? »

Mais bon, une boîte est une boîte, et la parade homosexuelle se retrouve aussi dans la drague. Le problème, c'est de savoir comment retourner stratégiquement le fonctionnement de ces lieux. Je ne sais en outre pas comment cela se passe à Paris, mais certainement que deux braves garçons qui veulent ouvrir une boîte ne peuvent pas le faire comme cela sans que la police ne les contraigne finalement à se brancher sur la mafia. La police ne supporterait pas qu'une boîte homosexuelle n'ait pas d'une manière ou d'une autre des liens avec la truanderie.

Et c'est très facile de faire entrer un mineur qui n'en a pas l'air et de faire une descente une minute après.

Et voilà.

Sur le plan législatif, il y a la proposition Caillavet qui a été votée par le Sénat en juin dernier. Elle doit passer à l'Assemblée en septembre. Vous étiez signataire de cette proposition. Va-t-on enfin arriver à une libération des mœurs et particulièrement de l'homosexualité ?

Plus important est le projet de réforme du code pénal, qui est achevé et vient d'être déposé sur le bureau du gouvernement. J'ai téléphoné ce matin, et on me dit que toute discrimination juridique entre homosexualité et hétérosexualité a disparu. Cela va bien plus loin que la suppression de l'amendement Mirguet. Je ne sais pas quelles sont les autres clauses. Vous savez que j'avais été consulté sur cette réforme, avec Schérer et Hocquenghem, sur la partie concernant la « législation sexuelle » [1]. Ce n'était pas simple car il n'y a pas en théorie une « législation sexuelle ». Mais au cœur de tout cela, il y avait le problème du viol et celui de l'âge de consentement. Pour ma part, je ne voyais pas comment des gosses qui, lorsqu'ils vont au lycée, voient ce qu'ils voient sur les murs, ou à la télévision, peuvent toujours être considérés comme mineurs sexuellement. À ma surprise, la commission n'a pas été choquée que nous

1 - Militants et écrivains, Schérer et Hocquenghem se sont battus ensemble et ont publié des ouvrages communs. Ils sont à l'origine, en 1976, d'une pétition « Pour une autre législation sur la sexualité des mineurs » signée par Barthes, de Beauvoir, Bory, Chéreau, Deleuze, Guattari, Guérin, Guyotat, Kouchner, Sartre, etc., parue dans *Libération* en février 1976.

avancions la fourchette d'âge de 13-15 ans, comme en Scandinavie [1].

Je pense que, dans une évolution à laquelle on assiste maintenant, ce que l'on est en train de découvrir, c'est le coût extraordinaire de ce que représente l'exercice d'un pouvoir disons répressif. Certes on connaît les travaux de la Trilatérale sur les coûts de la démocratie, et ce que coûte le fait d'avoir une société permissive. Il est vrai que l'on fait ce calcul. Mais on le fait également dans l'autre sens. Et le coût d'un pouvoir répressif est tout de même très élevé. Non seulement coût économique, mais aussi irritation des gens, de leurs voisins, face à l'intolérance. Cette intolérance irrite les mouvements actuels de libération ainsi que l'agitation intellectuelle qui, elle aussi, a son rôle. Ce qui fait que le coût politique de la répression augmente aussi.

Disons les choses crûment : pourquoi se mettre à dos les homosexuels ? Quel est l'avantage d'une société qui pourchasserait les homosexuels ? La natalité ? À l'époque de la pilule ? La lutte contre la syphilis ? Les technocrates et les princes qui nous gouvernent, même s'ils ne sont pas malins, ne sont pas non plus des imbéciles et savent très bien que la lutte contre la syphilis par exemple ne passe pas par la répression de telle ou telle catégorie d'individus mais par des campagnes d'information. Il y a par exemple dans certains saunas américains des petits bureaux de consultation à l'entrée qui permettent de savoir où l'on en est. C'est en effet le seul moyen. Une rationalisation de l'exercice du pouvoir ne passe pas nécessairement par une augmentation

---

1 - Voir à ce propos la transcription audio d'un débat sur ce sujet parue dans la revue *Recherches* n° 37, entre Michel Foucault, Jean Danet et Guy Hocquenghem.

de la répression, au contraire. Cette répression a beaucoup trop coûté politiquement, et elle risque de coûter de plus en plus dans le climat actuel avec tous ces mouvements qui parcourent la société. Il est donc bien plus intéressant d'essayer de faire accepter aux gens les taux de sur-chômage auxquels ils sont exposés, et encore pour des années et des années, plutôt que d'aller les emmerder avec des poursuites d'homosexuels dans les boîtes ou dans les fourrés. On le savait depuis longtemps mais cela se précise maintenant : le pouvoir coûte quelque chose. Exercer le pouvoir, ce n'est pas bénéfice net. Chaque fois que l'on commet un acte qui est exercice de pouvoir, ça coûte, et pas seulement économiquement.

Jean-Paul Aron

Mai 1979

Les abus du corps médical - Répression et émancipation
La traque de la machine sociale - La situation américaine
Les approximations de Foucault - Le regard de la loi
L'inquiétude de la société - Le cas de la pédérastie

Quel a été l'accueil de votre livre ?

Très important, je crois. Notre vente atteint actuellement environ 15 000 exemplaires. Mais son titre périlleux a effarouché pas mal de libraires, notamment ceux de province [1].

Quelle est son idée centrale ?

Ce qui nous a intéressés, avec Roger Kempf, ça a été de retourner au vécu et de dénoncer le discours médical du siècle dernier, qui se pare d'un vernis, d'un lexique qui masque en fait le discours de M. Tout-Le-Monde. Ce discours pseudo-scientifique sur tout ce qui inquiète la société bourgeoise se drape dans l'indignation : parlant des homosexuels, parlant du désir, parlant de la masturbation, c'est cette indignation qui domine dans ce siècle qui nous précède.

1 - Jean-Paul Aron était interviewé à l'occasion de la sortie de son livre *Le pénis ou La démoralisation de l'Occident* écrit avec Roger Kempf (Ed. Grasset, 1978).

Quelle étape marque la Révolution de 1789 dans le regard social sur la sexualité?

Vous savez, en fait, tout se noue autour des années 1750-1780. Regardez la masturbation par exemple: c'était alors considéré comme un problème majeur, à preuve l'immense succès du livre de Tissot sur la question en 1755. Le XIXe siècle naît là, aussi avec la notion de l'enfance, avec la médecine et tant d'autres concepts sur lesquels nous vivons encore. Et quand la Révolution va changer les choses, tout déjà craque: les révolutions ne sont en général que la dernière phase d'une évolution. Elles ne commencent jamais, elles ne s'instituent jamais, elles prennent en charge. C'est cette manière qu'a l'histoire de parler à haute voix ce qu'elle avait murmuré des décennies, parfois des siècles auparavant. La véritable instauration est toujours murmurante, mais la transformation de cette instauration en institution, en pouvoir, se passe par de grands cris.

Comment comprendre le rapport qu'entretient la société avec les « invertis », regardés toujours comme des êtres étranges et menaçants?

Les sociétés adorent la transparence et détestent les zones d'ombre. Là se fomentent des choses, puisque c'est dans l'ombre que tout se fomente. C'est le propre de ces grandes marges d'ombre d'être traquées par la machine sociale à mesure qu'elles lui résistent. La machine sociale refuse d'être rongée par ce cheval de Troie, d'où cette volonté de dépistage, de connaissance. Et les sociétés perçoivent, fantasment au niveau de leur propre vécu ces êtres comme des menaces pour l'intégration sociale, pour leur ordre. Ces êtres « fauteurs de désordre » m'intéressent dans le sens où ils sont vécus par la société régulatrice et normalisatrice en tant que tels. Et ceux de l'ombre pressentent dans le corps social une telle instance d'exclusion que pour continuer d'exister, ils n'ont alors pas d'autre solution que de rester dans l'ombre. La connaissance, c'est la valeur, l'honneur de la bourgeoisie. D'où cette volonté acharnée de connaître, et ce jusqu'au délire, ces êtres de l'ombre.

On trouve dans votre livre cette étude incroyable des spécificités anatomiques des « pédérastes », aux sexes canins et aux anus en forme d'entonnoir qui servira de genèse à la notion d'inversion sexuelle. Ulrich, de son côté, a lancé l'idée de la femme dans un corps d'homme. À partir de là, les psychiatres vont dire : ce sont donc des malades mentaux.

Oui, et dans ce siècle de la diffusion, cela va se répercuter sur le discours commun, qui a besoin de se justifier. Ce sont encore des idées aberrantes qui courent. De la même façon, les « invertis » vont chercher à retourner sur eux-mêmes les arguments d'un certain savoir. Un monde qui ne se reconnaît pas et ne se vit pas comme un monde du contre-pouvoir puisqu'il est traqué, recourt de lui-même aux figures du savoir institué pour se définir. Il s'y aliène d'ailleurs, et c'est pour cela que j'ai, je peux vous le dire, une certaine réticence pour le mouvement Arcadie [1]. C'est un mouvement d'intégration et de grande normalisation.

---

1 - L'association Arcadie, fondée en 1954 par André Baudry, prône un discours bourgeois de respectabilité. Elle disparut en 1982 sans avoir obtenu l'abrogation de l'article 331 du Code pénal.

On parle beaucoup plus d'homosexualité aujourd'hui. Croyez-vous que sa répression a diminué ?

Je dirai, au contraire, que le dévoilement actuel de l'homosexualité se double d'une très profonde, d'une très grande répression : je ne vois en rien, à l'heure actuelle, de diminution réelle de la répression. Je me sens moi-même, dans mon existence banale, naïve, quotidienne, par rapport au monde qui m'entoure, très, très menacé. Ici, le regard des autres, comme on dit, est très menaçant, les dangers de l'existence homosexuelle sont très grands.

Quant à la situation globale de la minorité homosexuelle, nous n'avons encore que peu d'éléments pour la période actuelle. C'est une histoire en train de se faire. On n'a pas pu encore déterminer, par rapport à ce qui se passe, s'il y a un seuil de saturation pour une société qui ressent l'homosexualité comme une infraction à sa pensée, à sa sensibilité et à son idéologie dominante. Dans certaines zones comme à New York ou en Californie, l'homosexualité est devenue bruyante, omniprésente, combative. On peut, en effet, se demander si des choses ne vont pas se produire comme il s'en est produit pour les Juifs ou les Noirs. La campagne d'Anita Bryant [1] est déjà un repère de saturation. La société américaine, compte tenu de la forme nouvelle que revêt là-bas l'homosexualité, reste pour nous un test capital.

Michel Foucault partait d'une critique qui, sans doute, l'agaçait profondément, à savoir que tout se résumait

1 - Anita Bryant était porte-parole de la droite conservatrice et condamnait violemment, avec quelques succès inquiétants, l'homosexualité et les homosexuels. Son slogan était : « Tuez un pédé pour le Christ. »

finalement par l'hypothèse répressive. Il avançait alors la volonté de savoir comme le thème qui aurait plutôt dominé le XIXe siècle. Qu'en pensez-vous ?

Il y a toujours chez Michel Foucault cet équilibre instable entre la grande et très profonde innovation, et l'esprit de paradoxe. Et quand l'esprit de paradoxe domine, ça peut donner de mauvaises choses. Et dans son ouvrage *La Volonté de savoir*, il a, je crois, extrapolé des expériences, des perceptions, qui n'appartiennent qu'à la société contemporaine. Or, le discours médical est assujetti au discours commun. Le regard des autres serait-il purement identifiable à des savoirs ? C'est ce que pense Foucault, c'est ce que je conteste. Il ne faut pas confondre, par ailleurs, une histoire de l'homosexualité, qui prend racine dans le vécu, avec l'histoire du discours médiéval sur l'homosexualité. L'entreprise policière, elle aussi, a toujours été indexée à l'opinion.

C'est aussi là qu'on peut dire que le regard des maîtres n'est pas uniquement de l'ordre du savoir. Je trouve ça énorme de suspendre la prise en charge par un sujet ou par un corps social d'une définition de soi-même, l'homosexuel par exemple, à la constitution d'un concept, c'est-à-dire d'un savoir. Quand Cambacérès [1] — Jean-Louis Bory le rappelait dans son dernier livre — arrive en retard au Conseil prétextant qu'il a été retardé par une amie et que l'Empereur lui demande si cette amie n'a pas oublié sa canne et son chapeau, est-ce que Napoléon avait besoin d'avoir lu le Wesphal ?

---

1 - Jean-Jacques Régis Cambacérès (1754-1823) fut ministre de la Justice de Napoléon et fit abolir dans le Code pénal le « crime » d'homosexualité, une première en Europe.

Les savoirs, c'est commode, et un historien comme moi pense que les savoirs, dans l'histoire des sociétés, c'est vraiment le petit bout de la lorgnette. C'est pour Lévi-Strauss une catégorie purement préfabriquée par l'idéologie dominante.

Le débat sympathique, ce n'est pas sur les pratiques homosexuelles, qui ont toujours existé, c'est sur la connaissance que l'on en prend, et la façon dont on l'apprend. Il y a des savoirs qui ne passent pas par des savoirs constitués, des savoirs où le dit et le non-dit entretiennent de très complexes et fondamentaux rapports. Madame Bibard, ma femme de ménage, pour laquelle j'ose dire que j'ai des sentiments d'affection, connaît des choses. Mais ce n'est pas par des savoirs constitués. C'est, au contraire, le vécu qui m'intéresse, car c'est de lui que tout procède.

Vous préparez six émissions pour la rentrée pour la troisième chaîne sur l'histoire de la médecine. Pouvez-vous nous dire si la tenaille que constituaient la médecine et la police s'est aujourd'hui desserrée ou si elle est toujours aussi efficace ?

Les médecins, gorilles vigilants, efficaces et méritants, ont perdu de nos jours leur aura de missionnaires ; ils se sont fonctionnarisés. Ils ont perdu pour une large part leur place symbolique entre le prêtre et le notaire. Quelque chose là s'est bel et bien descellé. Les policiers, de leur côté, n'ont plus cette volonté de savoir.

En quoi l'homosexuel peut-il être considéré comme une figure explosive ?

Ce monde des gens qui aiment les gens de leur propre sexe représente une espèce de mélange détonnant, d'explosif. On peut aussi rajouter cet autre fait social dont je parlais récemment aux Hautes Études, c'est ce facteur hautement angoissant et terrifiant pour la bourgeoisie que l'homosexualité véhicule : la confusion et le mélange des classes sociales. Si, en plus, toute la séparation des classes, fondement de l'ordre social bourgeois et de ses privilèges, n'est pas respectée, c'est la panique. Mais la terreur la plus forte reste la pédérastie. Pédérastie à laquelle André Gide a donné ses lettres de noblesse, et sur la lignée duquel se sont inscrits aujourd'hui Michel Tournier de manière allusive et Tony Duvert de façon plus explicite, plus militante aussi. La pédérastie reste d'autant plus redoutable qu'elle se tapit dans l'ombre en même temps qu'elle est fantasmée depuis toujours : il faudrait demander la contribution d'analystes pour comprendre pourquoi elle est tant génératrice de fantasmes d'une particulière force déflagrante.

Merci, Jean-Paul Aron, pour cette discussion.

Attendez ! Voulez-vous que je vous fasse entendre un extrait du clavecin bien tempéré par Leonarth ?

Appel du
Comité d'Action Pédérastique Révolutionnaire

Émus et profondément bouleversés par la répression civile et policière qui s'exerce à l'endroit de toutes les minorités érotiques, le Comité d'Action Pédérastique Révolutionnaire dénonce la restriction des possibilités amoureuses qui sévit en Occident depuis l'avènement du judéo-christianisme.

Les exemples de cette répression odieuse ne manquent pas, vous les avez sous les yeux à chaque instant : Les inscriptions et les dessins dans les chiottes, de la Sorbonne et autres, les passages à tabac d'homosexuels par la police ou par des civils rétrogrades, la mise en fiche policière, et en général l'attitude de soumission, les yeux de chiens battus, le genre rase-les-murs de l'homosexuel type.

Les carrières brisées, l'isolement et la mise au secret sont le lot de toutes les minorités érotiques.

Pour un glorieux Jean Genet, cent mille pédérastes honteux, condamnés au malheur.

Le C.A.P.R. lance un appel pour que vous, pédérastes, lesbiennes, etc., preniez conscience de votre droit à exprimer en toute liberté vos opinions ou vos particularités amoureuses, et à promouvoir par votre exemple une véritable libération sexuelle dont les prétendues majorités sexuelles ont tout autant besoin que nous.

Non pas l'amour et la mort.

Mais l'amour et la liberté.

Affiche placardée sur les murs de la Sorbonne occupée en Mai 68, recopiée par Pierre Hahn et dont Guy Chevalier est l'un des co-auteurs.

De la Sorbonne occupée au FHAR

Guy Chevalier

Février 1988

Les affiches de révolte homosexuelle en mai 68 dans la Sorbonne occupée - Mes origines prolétaires Reich et Marcuse - La naissance du FHAR en 1971 Les stratégies américaines - L'incompréhension des groupuscules gauchistes - La pression commerciale

Comment avez-vous été amené à vous intéresser aux événements de mai 68 ?

J'étais pion dans un lycée et étudiant agrégatif de français à la Sorbonne. Nous protestions contre les violences policières. J'étais dans les comités de grève de mon lycée. Le jour du 3 mai 68, tout le monde s'est retrouvé dans la cour centrale de la Sorbonne. Quand les événements ont éclaté sur le boulevard Saint-Michel, c'est là qu'il y eut la première rafle. La police a bouclé tout le monde. Personne n'avait peur, les flics poussaient les gens dehors, qui ne savaient pas qu'ils monteraient dans les paniers à salade et qu'ils seraient considérés comme les leaders. Mai 68 commençait, on était constamment dans l'action.

Au bout de quinze jours, avec un ami on s'est dit : « C'est bien joli tout ça, on arrive maintenant à dégueuler toutes nos frustrations universitaires et intellectuelles dans cette espèce de révolution estudiantine mais notre problème de fond, c'est l'homosexualité. » On restait frustrés. Il y avait de vagues comités de libération sexuelle mais rien d'explicitement homosexuel. On était au café l'Écritoire.

On a alors commencé à faire des affiches, et on a rédigé tous les deux l'appel du Comité Pédérastique d'Action Révolutionnaire. J'avais mis « pédérastique » par rapport à moi et par rapport à mon copain. On était fascinés par ce qu'on appelait à l'époque les « biquets », les jeunes adolescents étaient nos grands objets de désir. Mais on s'assimilait immédiatement à l'époque comme homosexuels.

Donc, on a fait cette espèce de manifeste qu'on a placardé en huit exemplaires sur l'amphi Guizot, en donnant rendez-vous aux gens dans cet amphi. Les affiches ont immédiatement été arrachées par le Comité d'Occupation de la Sorbonne, dont faisait peut-être partie Guy Hocquenghem, c'était son groupe en tout cas. Les gens de Krivine et de la Ligue Communiste en faisaient également partie.

Est-ce que cela a vraiment été une décision du Comité d'Occupation ?

Absolument. Ils faisaient le soir la tournée des affiches. On a alors refait les affiches le lendemain. Ils en ont laissé deux, c'étaient celles qui étaient juste à côté de l'amphi, comme pour nous reléguer du côté des tasses. Des gens sont venus au rendez-vous. Mais on était très timides, voire impressionnés par notre propre entreprise. On bredouillait quelques analyses, on soutenait simplement notre affiche. On a alors décidé de ronéoter cette affiche et d'en faire un tract, un appel aux homosexuels. On allait la distribuer devant l'Odéon pendant la journée et le soir à la tasse de

Maubert qui était à l'époque très fréquentée. C'était la première distribution de tracts pédés dans les lieux homos, sur les lieux de drague.

Comment alors se vivait l'homosexualité?

À cette époque, c'était encore le grand silence. C'était la période du Fiacre, une boîte classique où l'on pouvait draguer, se peloter, faire éventuellement des rencontres. Mais le grand lieu de drague à l'époque c'était dans les tasses, dont celles du Boulevard Saint-Germain, et les parcs. Plus tard, on a appelé ça la sexualité « honteuse ». Je mets aujourd'hui cette appellation entre guillemets. C'était une sexualité certes un peu clandestine, mais qui n'avait pas que des inconvénients, parce qu'il y avait aussi des gens qui s'égaraient dans cette sexualité, des gens « normaux », et finalement on y trouvait notre compte. Maintenant que cette marge est devenue norme, les « normaux » sont exclus de nos rencontres, ce sont des normes contre des normes. Disons qu'on arrivait alors à trouver là plus de sexualité authentique.

Comment vous est venue l'idée que l'homosexualité était peut-être une question politique?

Je suis parti de la question de l'homosexualité vécue par quelqu'un du peuple, comme moi. Je suis d'une famille paysanne et prolo, de paysans prolétarisés dans les villes. Je pensais un peu vulgairement que l'homosexualité était un truc de la classe bourgeoise. Et en tant que pédé du peuple, je me sentais doublement opprimé. Je rêvais d'une sexualité avec de jeunes ouvriers, de jeunes paysans. J'avais l'impression d'avoir été arraché à ma classe. J'ai eu et j'ai toujours la nostalgie des gens de ma classe. Je ne peux avoir de contacts exaltants, qui me font du bien et qui m'aident à vivre, qu'avec des gens de cette catégorie sociale. Beaucoup de jeunes bourgeois raffinés me draguaient. J'étais ému, mais frustré. C'est une question physique et psychique. L'attirance sexuelle vous fait tenir des discours politiques.

Est-ce que les lectures de Reich ou de Marcuse ont joué un rôle dans votre prise de conscience?

Oui, Reich et Marcuse, et pour le mouvement de 68 en général. Il y avait aussi un texte écrit par un suédois, une sorte d'apologie des minorités sexuelles, un texte très connu à l'époque, qui était sorti en 66 ou en 67. Des références comme celles-ci nous ont évidemment beaucoup aidé à politiser notre initiative. On rafistolait, on en faisait des slogans, des bribes de discours. Et puis il y avait déjà les films underground de Kenneth Anger: voir un zob qui se balade sur l'écran, à l'époque, c'était défoulant. Il évoquait une sexualité qui correspondait assez à la mienne: des fantasmes très masculinistes, très virils, et des nostalgies très populaires.

Est-ce que vous aviez connaissance du mouvement d'Hirschfeld et des Triangles Roses?

Non, pas du tout. On a eu la connaissance de cette répression homosexuelle nazie qu'après, au moment du FHAR [1]. Ces résurgences historiques sont venues après, quand le FHAR a commencé à rencontrer des gens cultivés, mais pas au départ. À tort d'ailleurs, car si on avait connu des gens comme Daniel Guérin, il aurait vite amené ça sur le tapis. Pour moi, cette initiative était liée à ma vie d'autrefois,

---

1 - FHAR: Front Homosexuel d'Action Révolutionnaire (1971-1973)

comme une sorte d'éructation brutale, douloureuse. J'avais seulement une vague culture littéraire : Proust, Gide ou *Les Amitiés particulières*, bref la littérature homosexuelle de l'époque, mais ça m'agaçait plutôt.

Est-ce qu'il y a eu un impact parmi les étudiants révoltés et parmi les homosexuels ?

Oui, mais ils étaient terrifiés par ce genre de discours. Lors d'une distribution, j'ai approché un copain agrégatif qui a fait semblant de ne pas me reconnaître, qui était effrayé qu'on puisse distribuer un truc comme ça. À l'époque, j'essayais surtout d'ouvrir le débat avec les trotskistes. Dans le lycée où j'étais pion, il y avait des leaders de la Fédération des Étudiants Révolutionnaires et de ce qui est devenu la Ligue Communiste. On était amis, mais ils étaient sidérés que je puisse oser poser un problème politique de cette nature. Ils n'y avaient visiblement pas réfléchi. Un copain hétéro est venu à ma rescousse et leur a dit : « Mais est-ce que vous avez une analyse sur cette question puisque vous avez pensé beaucoup de choses ? » Les gens étaient cois, ça leur tombait sur la tête : c'était posé en termes de révolution, de minorité opprimée. Pas si clairement, mais c'était embryonnaire dans notre discours, et c'était ça qui était perçu. On leur disait : « On est des réprouvés, des minoritaires, et c'est un problème qui doit entrer aussi dans la Révolution. »

On souhaitait un impact du côté des leaders de la jeunesse en révolte, c'est-à-dire les gens les plus politisés à l'époque. Je rêvais que cette idée entre dans l'ordinateur général de la Révolution et commence à embrayer sur quelque chose, à déclencher quelque chose.

Ça n'a pas pris, même si cet épisode est entré dans l'histoire. On a donné notre tract au Comité Écrivain Étudiant, et un gars m'a répondu : « T'as pas lu Freud ? Il a tout expliqué, t'as pas à nous poser ce genre de problème. » J'avais donc un manque de culture, et le problème était résolu avant d'être posé. Freud en avait déjà parlé, et sous-entendu c'était une névrose.

Grâce à Pierre Hahn, qui avait recopié l'appel, on a gardé ce document de la Sorbonne. J'ai omis de dire que sur l'affiche on attaquait — ce que n'a pas repris Pierre Hahn — les vieilles marquises réacs du mouvement d'Arcadie, ce vieux club homosexuel, « homophile », qui sévissait depuis 15 ans. J'avais rencontré Pierre Hahn qui était en train de lire une de nos affiches. Il m'avait dit : « Vous exagérez, parce qu'Arcadie a beaucoup fait pour les homosexuels, vous les descendez en flèche. Vous ne devriez pas. » On s'est revus, il était très excité par tout ce mouvement, il avait déjà beaucoup travaillé sur la question homosexuelle. Il a été tout de suite dans le coup. Quand on a démarré le FHAR deux ans après, il est venu tout de suite nous voir.

Qu'avez-vous retenu de la révolte gay américaine après mai 68 ?

Quand je suis arrivé en Californie, les gens draguaient en voiture et dans les bosquets, à Pacific Ocean Park. J'ai rencontré un mec qui avait vu nos affiches à la Sorbonne. Il m'a emmené dans un comité. C'était un discours très spontanéiste, très confus idéologiquement. Puis on a défilé sur Sunset Boulevard avec des bougies en chantant : « Dieu ne nous a jamais traité de pédés. » À New York, les slogans étaient plus radicaux, inspirés des Black Panthers. Stonewal, cette boîte qui s'était battue contre les flics, avait modifié toute la stratégie.

Quels sont les événements qui ont permis d'aboutir au FHAR en mars 1971 ?

En rentrant des États-Unis, j'ai rencontré le directeur de *L'Idiot international*, qui était Jean-Edern Hallier à l'époque. Je lui ai proposé un dossier sur les États-Unis, sur le Gay Liberation Front. Dans le dernier numéro de *L'Idiot* était passée une lettre que j'avais écrite des États-Unis. C'était un court texte, mais très enflammé, sur une féministe qui avait l'audace de parler de « femmes-pédés ». J'avais pris la mouche et j'avais répondu en disant que toute féministe qu'elle était, elle réprimait encore une autre minorité.

Jean-Edern Hallier m'avait donné l'adresse de Pierre Hahn et de quelques autres. J'avais pris en particulier contact avec une lesbienne américaine, Margaret. Deux copines avaient décidé de faire une réunion. On s'est retrouvé avec Françoise d'Eaubonne, Boris Fraenkel et quelques autres.

À l'époque, je m'inspirais de l'expérience américaine. Après deux réunions chez des particuliers, puis dans un petit restaurant, nous avons décidé d'aller aux Beaux-Arts pour y organiser des meetings restreints. Une fois par semaine, on parlait de choses et d'autres, autour d'un désir de militer pour la libération de nos frères et de nos sœurs homosexuels, en attaquant Arcadie, les hétéros, la société hétéro-flic, etc.

Un jour Margaret me dit : « Ménie Grégoire fait une émission en direct sur "L'homosexualité, ce douloureux problème…" » Nous y sommes allés avec un copain et une fille. Il y avait déjà pas mal de jeunes pédés et toute une brochette au micro : Ménie Grégoire au milieu, les Frères Jacques d'un côté, Pierre Hahn, Baudry d'Arcadie, une sorte d'aréopage hétéroclite... Ménie Grégoire faisait un discours misérabiliste et laissait de temps en temps la parole à des intervenants dans la salle. Tout d'un coup, j'ai pris le micro et j'ai tenté de faire une sorte d'appel aux homosexuels de France : « Nous nous organisons, nous faisons des réunions hebdomadaires pour organiser un mouvement de libération homosexuel ; essayez de prendre contact avec nous. » Sans adresse, on était un peu pris de court. Elle a coupé le micro ! Ils ont repris leur discours pendant que l'on plaisantait dans la salle. Finalement, nous sommes montés sur l'extrade, mon copain a pris les tables et les a renversées. Ménie Grégoire s'est enfuie dans les coulisses après avoir crié au micro : « Ciel, les homosexuels nous attaquent ! » Puis sur l'antenne ils ont passé de la musique. Dans la salle, les techniciens essayaient de nous ceinturer, Baudry avait déjà foutu le camp. Puis on est revenu sur le devant de la scène, j'ai brandi le poing comme c'était la mode à l'époque, en criant : « À bas les hétéros-flics ! » (*rires*). Dans la salle, un jeune criait : « Moi, je veux détourner les majeurs, je suis mineur ! » On s'est éclipsés avant l'arrivée des flics. À la réunion, le soir même, on était un peu les héros de l'affaire, les gens nous avaient entendus. On a alors décidé de se structurer et de se donner un nom. J'avais le modèle américain en tête : Front Homosexuel d'Action Révolutionnaire : le FHAR était né [1].

---

1 - Voir « Les coups d'éclat du FHAR » in *Citoyen de seconde zone*, op. cit., p. 87 et suiv.

Puis on a décidé d'aller aux Beaux-Arts, de trouver un local plus grand. Ce soir-là, Hocquenghem est venu. J'avais essayé de prendre contact avec lui à *Tout* où j'étais allé pour passer mon dossier sur l'homosexualité et sur le Gay Revolution Front. On m'a orienté sur Guy Hocquenghem. Je lui avais laissé un mot en signant : « Say it aloud, we are gay and proud ! » C'était un slogan américain : « Dites-le bien fort, on est pédé et on en est fiers ! » Ça l'avait beaucoup impressionné. C'était un cri qui résumait bien les choses : de la répression au cri et du cri au discours élaboré, il y a, on le sait, des étapes.

Comment avez-vous vécu les différentes époques du FHAR sur le plan du discours et de la stratégie ?

Nous avons été noyautés par les flics. Quand j'animais les toutes premières AG, je prenais un peu d'envergure, je prenais une voix… La première fois, j'ai vu rentrer trois mecs de la Mondaine. Je le subodorais depuis la Sorbonne, depuis 68, j'ai toujours été un peu parano ! Il y a eu aussi le groupe des Gazolines, apparu la deuxième année du FHAR, en 72, qui a fait beaucoup de provocations très hystériques. En 72, c'était le grand happening du FHAR aux Beaux-Arts. Il y avait plein de groupes, et plus moyen de tenir un discours articulé, un discours politique ou même un simple discours sensé. C'étaient tout de suite les hurlements des Gazolines : « À bas les phallocrates ! » Je ne les condamne pas, j'ai parmi eux de bons amis, mais ça gênait beaucoup la dynamique.

Et puis c'est devenu une partouze ! Les réunions du jeudi soir, ça se délitait de partout. J'ai senti aussi un envahissement des bourgeois, des gens qui n'avaient pas de couilles au cul, qui avaient peur de se mouiller, la trouille de l'action. On avait été les chercher pour agir et ils venaient aux Beaux-Arts pour tirer leur coup, ils venaient des Tuileries, de Saint-Germain, des boîtes. C'était le premier baisodrome gratuit, en plus ça avait un côté « mode » que les gens de l'extérieur devaient trouver fascinant. Ils étaient complètement médusés par le discours homopolitique.

Le FHAR était ouvert à tous vents. Étant donné la bagarre que je menais, je venais tous les jeudis en observateur mais je me fondais. Je ne voulais plus rien dire officiellement, j'étais très découragé. Et puis il y avait Vincennes, où il se passait énormément de choses : on se demande comment on a pu s'en tirer indemnes ! À Vincennes on était constamment surveillés par les journalistes de *Minute* qui venaient nous photographier. En 73, dans mon lycée, il y avait l'expérience des 10 %, normalement prise en charge par les élèves. Ils étaient intéressés par nos préoccupations d'adultes. Hocquenghem était venu me faire de la provoc. Il est venu dire : « Vous êtes tous assis sur votre cul, vous êtes tous des cucus, moi à votre âge j'avais baisé avec tous mes profs. » Il y avait le censeur et tous les profs, et pourtant c'est passé comme une lettre à la poste ! L'année suivante, les élèves ont voulu remettre ça. Nous avons invité Jean-Louis Bory. Une semaine après il y avait un scandale dans *Minute* : « Jean-Louis Bory incite des garçons de seconde à l'homosexualité. » Ce fut une nouvelle galère pour moi…

Rétroactivement, pensez-vous que le modèle américain de libération sexuelle a eu un impact trop fort sur ce qu'on a pu inventer en France pour le mouvement homosexuel, qui n'en était qu'une inspiration ?

Je pense, oui. Tout le mouvement de 68 a été une espèce de révolution culturelle, mais venue des États-Unis comme un boomerang. C'étaient des idées européennes aussi, mais qui revenaient forgées dans le creuset californien sous forme de produits de consommation potentiels et de nouveaux marchés. On ne le sentait pas ainsi à l'époque, on avait l'impression que c'était spontané parce que ça venait aussi des tripes. On se défoulait sur des modalités déjà conditionnées, sur des schémas d'émancipation inventés aux États-Unis : « Gay is beautiful » ou « Say it aloud ».

Des textes sont sortis à l'époque du FHAR sur la nécessité de passer par l'expérience homosexuelle avec des Nord-Africains. Qu'est-ce qu'il en était ? Qu'est-ce que vous pensez de ce discours aujourd'hui ?

C'est la période de l'*Encyclopédie des Homosexualités*, en 72 [1]. Nous avions écrit *Les Arabes et nous*: un texte affreux, affligeant. J'ai fait un revirement complet en vivant dans le monde arabe, pour commencer à me dévêtir bribe par bribe de tout un discours. Je n'ose même pas le relire ! C'est effrayant : « Sur le pont de Clichy on rencontre des ouvriers de chez Renault : des Arabes et des ouvriers en plus ! Comme dans la descente aux enfers y'a des rats... Y m'a sifflé comme un chien... » On protestait contre les Arabes machos. On avait le discours féministe à l'époque : « On est leur chien, leur tapis, ils se défoulent... » On ne

---

1 - Très peu de livres sont sortis sur l'histoire du mouvement homosexuel français : pour le FHAR, le *Rapport contre la normalité* (Ed. Champ Libre, 1971) et l'*Encyclopédie des Homosexualités* de la revue *Recherches* (1972) ; tous deux furent interdits par le Ministre de l'Intérieur d'alors, Raymond Marcelin.

comprenait pas du tout cette sexualité arabe, ni la situation sociale des gens avec lesquels on baisait. On était trois à faire cet article, il y avait Michel et Patrice. Michel était un intellectuel parisien qui tenait le discours deleuzien : « C'est mon théâtre, je m'examine en train de vivre mes fantasmes… », c'était la « schizo-analyse », comme on disait à l'époque. Ce texte était complètement raté et je ne sais pas s'il y avait le fait de liquider ou de vivre un problème par rapport à l'Algérie. Sûrement, puisqu'on a des relations historiques !

Des Beaux-Arts avec l'interdiction par les flics à la faculté de Vincennes où le discours s'est épuisé, le FHAR avait donc vécu. Que pensez-vous de la situation actuelle des homosexuels ?

Quand on revient d'une ère non chrétienne, on est assez atterré par le conformisme, la stéréotypie, l'insipidité… C'est pire qu'avant, parce qu'il n'y a plus de gens étrangers au ghetto qui y rentrent : maintenant tout est bien enfermé. Un jour j'ai demandé à Roland Barthes ce qu'il pensait du FHAR. Il m'a répondu que c'était quand même bien, parce que maintenant il pouvait embrasser ses étudiants sur la bouche, qu'il y avait une évolution des mentalités en France. On peut se dire qu'on n'a donc pas fait tout ça pour rien. Mais, finalement, personnellement je ne veux plus du tout sortir dans ce milieu-là.

Pierre Hahn

Octobre 1979

Du FHAR à Gai Pied - Journalisme et homosexualité
Les révoltes logiques - Les débuts de la presse gaie
D'Arcadie à Plexus - La perte du rire

Que pensez-vous des homosexuels aujourd'hui ?

Je pense qu'à l'heure actuelle l'homosexualité fait l'objet de textes qui, hélas, sont d'un ennui à faire pleurer. Or, depuis la fin du XIXe siècle, le personnage de l'homosexuel était lié à une sorte d'humour. Il suffit de lire Jean Lorrain ou Colette pour constater qu'il y a une certaine manière de se railler, de se gausser de soi en même temps que continue de régner une certaine zone d'ombre, de mystère. Cet humour très particulier ébranlait « l'homme normal » dans ses fondements mêmes.

Les homosexuels aujourd'hui sont devenus d'un sérieux, d'un tragique et d'une sorte de transparence qui fait que tout le monde se ressemble. Bientôt l'homosexuel rejoindra la sériosité de l'hétéro et sa vision sinistre du monde. Le FHAR avait tenté de faire éclater cela par cette drôlerie, mais tout est retombé avec les actuels groupes homosexuels. On ne sait plus se moquer de soi-même, et c'est très grave. C'est une tendance de société : on ne sait plus rire tout en étant complice.

Comment avez-vous été amené à écrire sur l'homosexualité ?

Je travaillais dans le journalisme. Je m'occupais de littérature dans les années 65-66 quand est parue dans *Le nouveau Candide,* une enquête sur l'homosexualité. C'était vraiment le type de dossier policier, psychologique, avec des médecins qui ne se nomment pas, tout ça dans le contexte qui avait suivi le coup d'État militaire de De Gaulle en 58, l'amendement Mirguet et ses conséquences. Or j'avais beaucoup travaillé sur le phénomène du racisme, dans *Jeune Afrique* notamment.

J'ai eu envie d'associer la discrimination homosexuelle à celle dont sont victimes par exemple les Nord-Africains. J'ai alors fait une conférence à Arcadie où j'ai associé les deux sujets dans cette perspective. À l'époque, le public des homosexuels avait été un peu choqué que je compare si facilement l'homosexuel et le Nord-Africain parce que, pour eux être homosexuel, c'était quand même supérieur à être Nord-Africain !

On commémorait par ailleurs, en 66, le dixième anniversaire de la mort du statisticien de la sexualité Kinsey [1]. Une revue m'avait proposé de questionner les gens dans les rues pour savoir s'ils le connaissaient. Je passe sur la plupart des réponses qui allaient du gâteau belge au cigare américain. Pour les autres, j'en profitais pour, à titre personnel, leur poser quelques questions sur l'homosexualité. À mon heureuse surprise, les réponses faites étaient à peu près évoluées ;

---

1 - Alfred C. Kinsey (1894-1956), sexologue américain dont les premiers résultats, en 1948, créèrent la stupeur, Kinsey affirmant qu'aux USA un homme sur dix était homosexuel. Daniel Guérin traduira en 1954 le *Rapport Kinsey.*

les gens ne sautaient pas au plafond, s'interrogeaient un peu. J'avais par ailleurs réuni des témoignages de Guérin, Foucault et Lacan. André Parinot, le directeur d'*Arts et Loisirs*, qui était un homme d'extrême-droite, a pris peur devant ce dossier et a refusé de le publier tout en faisant, quelques mois plus tard, une interview de Roger Peyrefitte qui venait de sortir *Notre amour*. Ce dossier, enrichi des témoignages supplémentaires de Michel Butor, Marc Oraison, André Baudry, Roger Bastide, Claude Dumézil, est finalement sorti après mai 68 dans la revue *Plexus*. Cette revue, interdite aux mineurs, a disparu. Et son directeur a fondé *Psychologie*.

Et puis, il y a eu Mai 68.

En 66, par ailleurs, j'avais quelqu'un dans ma propre vie et je considérais à ce moment-là que l'homosexualité, ou plus exactement la passion que l'on peut éprouver et qui est partagée, fait que l'on se remet soi-même en question. Ce n'était plus de l'homosexualité mais de l'amour. J'ai alors eu envie, comme tous les gens qui sont amoureux, de le chanter sur les toits : une envie de réhabiliter ce qui était méprisé ou considéré avec une raison condescendante.

Mai 68 est arrivé. J'étais du côté des gens du 22 mars. J'avais fait une interview de Daniel Cohn-Bendit pour le *Magazine littéraire*. C'était quelqu'un pour lequel j'avais une grande admiration, un des rares à ne pas se prendre au sérieux, une sorte de baladin du monde occidental.

Comme tout le monde, j'avais vu un jour une affiche à la Sorbonne du Comité d'Action Pédérastique Révolutionnaire. Comme tout le monde, j'ai eu le sourire. Mais quel spectacle étrange que tous ces gens qui riaient tout en prenant des notes fébrilement ! Puis les affiches ont été arrachées.

Les membres du CAPR ignoraient par qui : le comité d'occupation ? un simple passant ?

C'est évident que les contestataires étaient très puritains. Un garçon m'a raconté qu'au théâtre occupé de l'Odéon, où les gens s'engueulaient beaucoup, un jour que deux orateurs se traitaient comme d'habitude mutuellement d'« enculés », un garçon a sauté sur la scène et a dit : « J'en ai assez de l'utilisation de ce mot comme injure, parce que moi, je suis homosexuel. » Il a alors parlé pendant presqu'une heure et personne ne l'a interrompu, et quand il a eu fini, ça a été un concert d'applaudissements [1].

Mai 68 fut un très beau rêve, malgré ces slogans gauchistes du style « La lutte du peuple est invincible », qu'on répétait comme Saint Thomas d'Aquin. René Schérer, dans un de ses livres consacré à cette folle géniale de Fourier, a très bien reproduit le charme un peu fleur bleue de cette époque, cette ambiance comme le premier jour où je suis rentré dans la Sorbonne occupée. Et puis c'est mieux d'évoquer l'événement que de le commenter : comme un témoin de ce désordre, un simple passant poétique.

Où en étaient vos écritures ?

Je venais de boucler pour l'éditeur Jérôme Martineau une sorte de petit livre rouge de l'homosexualité, un flot de citations de l'Antiquité à nos jours. C'est à ce moment-là que je suis entré en contact avec un groupe maoïste, Vive La Révolution. Et à *L'Idiot international*, chez Jean-Edern Hallier, j'ai rencontré Guy Hocquenghem. Moi qui essayais de faire comprendre à tous ces gauchistes puritains que les

---

1 - Il s'agit vraisemblablement d'Alain Siboni, devenu ensuite militant à Aides.

homosexuels étaient réprimés et qu'il y avait là un combat à mener, Guy, qui ne l'avait pas encore dit, m'a vivement encouragé à continuer dans cette voie.

Il faut dire que les homos à cette époque ont eu le don de provoquer l'effondrement d'un certain nombre de groupes gauchistes, pas de tous, hélas. À Arcadie, quand nous avons fondé le FHAR, on nous a reproché de faire le jeu des groupes gauchistes, alors que nous en avions fait sauter un certain nombre. Nous étions le ver dans le fruit, encore que plus proches du fruit que du ver.

Et du côté de l'homosexualité féminine ?

Fin 70, à Arcadie, un groupe de lesbiennes est venu me voir. Elles proposaient un groupe de réflexion. Il y avait là Françoise d'Eaubonne et Anne-Marie Fauret. On a ainsi créé le noyau du FHAR. On a commencé par boycotter le mouvement contre l'avortement « Laissez les vivre » et risqué ce soir-là le panier à salade. J'avais réussi à être invité à l'émission de Ménie Grégoire qui avait fait venir les Frères Jacques pour les faire parler de l'homosexualité. J'ai cru un instant qu'ils allaient parler, eh bien pas du tout !

Armand Lanoux disait que les homosexuels étaient des gens très sensibles, très discrets, et un psychiatre assurait que nous avions perdu notre pénis. On m'avait dit : « Vous connaissez des homosexuels ? Faites-les mettre au premier rang. » Le sabotage a été parfait. Baudry, également invité, était furieux. Le soir même nous créions le FHAR. Guy nous avait rejoint [1].

---

1 - Voir le dossier sur le FHAR et le transcript jusque-là inédit de cette émission de Ménie Grégoire in *La revue h*, n° 1, 2 et 3, Paris, 1993.

Je venais de rompre avec mon ami alors que nous entrions dans notre cinquième année d'union. J'ai ainsi mieux traversé cette période, qui est en général très difficile, très douloureuse, quand on se retrouve seul et qu'on éprouve une impression de froid intérieur, de solitude. Je me suis complètement investi dans le FHAR, où tout était possible et qui avait des allures d'opéra-bouffe. Mon rôle à ce moment-là a été de ramener des journalistes au FHAR, comme Thierry Pfister du *Monde*.

En 72, je participai au démarrage d'*Union*, je venais de boucler dans *Planète* un dossier sur les situationnistes. La sexologie, dans l'axe, de Havelock Hellis, que j'admire, m'intéressait. Certes, elle a des limites, et on peut critiquer *Union*. Mais c'est un travail de masse de déculpabilisation qui me paraît positif, dans le contexte français que l'on connaît.

Et puis là, je me suis tapé toutes les perversions sexuelles et j'en ai eu marre. J'ai rencontré alors Jean Coquelle et nous avons décidé de lancer une revue homosexuelle, qui a duré de 76 à 77, elle s'appelait *Don*. La plupart des publications homosexuelles de l'époque étaient tenues par des margoulins de presse spécialisés dans la pornographie, et surtout dans le délit économique : ils ne payaient pas les gens, n'envoyaient pas la revue aux abonnés et finissaient toujours bizarrement en liquidation judiciaire. J'étais alors tombé sur toute une espèce de petits truands que j'ignorais jusque-là. Or, si Fillipachi est un capitaliste qui exploite les gens, au moins il les paye. Les chèques sans provisions et les faux en écriture m'ont convaincu de cesser.

Il fallait donc une autre écriture?

Oui. Mon intention fut alors d'étudier les comportements homosexuels à travers les âges. C'était vaste et je souhaitais une recherche collective et non individuelle. J'ai essayé de voir si on pouvait, en dehors du XIXe siècle, parler d'un personnage homosexuel à travers d'autres siècles, d'autres cultures. L'extravagance d'Henri III, la fête des fous au Moyen Âge, les portraits qu'on a laissés de ces folles se trémoussant à Rome, m'ont convaincu que le personnage homosexuel était totalement éparpillé et qu'on en avait fait au siècle précédent un simple collage, pis: un comportement, une manière d'être, une sensibilité. Aujourd'hui le personnage de l'inverti disparaît d'un côté au profit du travesti ou du transsexuel, et d'un autre à celui du surmâle ou du cuir à la mode, qui vivra sous le signe de Narcisse, de l'alter ego pour la classification de Freud. Une partie de mes recherches à la Bibliothèque nationale a permis mon livre, chez Orban, *Nos ancêtres les pervers*, qui a été un succès. Cela m'encourage pour d'autres écrits en préparation.

Que pensez-vous de la situation actuelle, aujourd'hui, en 1980?

Pour la situation actuelle, il me semble d'abord que l'article 14 de la loi de 49 sur la presse est un grand danger pour la presse homosexuelle. On n'a pas hésité à interdire celle-ci à la veille des élections législatives de 78. Et puis cette crise économique entraîne un recul des gens sur la libéralisation des mœurs. Les gens ont tendance à adopter un comportement rétrograde au niveau des mœurs de par l'insécurité de l'emploi ou la violence urbaine. On a cru un peu trop vite les vieux tabous déracinés: on les a tout juste ébranlés. Et sur le mode du pécheur qui se repent, les marginaux subissent une fixation de haine paranoïaque.

Enfin, je cherche aujourd'hui cet humour décapant que j'évoquais tout à l'heure : il faudrait un peu de latinisme dans toute cette gravité germano-française. Il faut réapprendre à rire. Quand un pays en arrive à ce que ses folles soient tristes, ça devient extrêmement alarmant ! Cela dit, il faudra peut-être souhaiter, comme dans le pamphlet de 1790 sur les enfants de Sodome à l'Assemblée nationale, que se constitue une sorte de parti folle du rire et de la dérision. Et puis j'ai envie de dire que les rapports que nous avons les uns avec les autres ne découlent pas seulement, et surtout pas nécessairement, de nos pratiques sexuelles similaires, mais aussi de ce que nous partageons tous une même culture.

La révolte homosexuelle vue de Nice

Pierre de Ségovia

Mai 1978

Mai 68 dans le quartier latin - La révolte des années 70 La communauté du Mona Lisa - Drogués, homosexuels, femmes et délinquants en colère - La récupération d'un mouvement - Communauté et normalité

À quel moment se situe votre prise de conscience?

Parmi les dates essentielles de mon itinéraire, il y a le 3 mai 1968. J'étais à Paris pour voir une des premières représentations de *Hair*, au Théâtre de la Porte Saint-Martin. Un spectacle avec plein de jeunes, de couleurs, une alternance de moments de fête et de moments plus dramatiques. Et l'apparition de Julien Clerc que je trouvais très beau, avec sa voix éraillée, si émouvante.

D'autre part, je savais qu'il se passait des choses au Quartier latin. Je m'y suis rendu après la représentation. Le contraste, le choc abominable: des rues désertes, des kilomètres de cars de CRS. Un climat de guerre, un silence de mort. Je me suis baladé sur le boulevard Saint Germain en essayant de sentir les vibrations. J'avais des idées de Charonne dans la tête [1], des relents de ce que j'avais entendu de

1 - Le 8 février 1962, la police chargea une manifestation d'Algériens favorables à l'indépendance, faisant sept morts et des centaines de

l'Occupation. Je me suis dit que ce pays était en train de faire la guerre à ses propres habitants, symbolisés par la jeunesse étudiante. J'étais horrifié. Moi, cadre moyen, bien payé, j'ai alors eu plein de repères qui ont basculé.

À l'époque, j'habitais Antibes. Je me suis mis à lire toute la presse underground, à chercher des contacts. Je me suis rapproché du PSU. C'est alors que je suis tombé sur le numéro 12 de *Tout*, que j'achetais régulièrement. Je tombe sur le FHAR, la révolution des homosexuels. Je fus enthousiaste. J'ai décidé de leur écrire, leur disant que j'étais prêt à faire quelque chose sur la Côte. Vous avez fait de même. C'est ainsi que l'on s'est connu, et que nous avons lancé le FHAR sur Nice [1]. Ce fut très « dérive » alors, ce que l'on a vécu. Il n'y avait aucun repère. On se laissait porter par les

---

blessés. Un an et demi plus tôt, des centaines de Maghrébins avaient été jetés dans la Seine. Maurice Papon était alors préfet de police de Paris.

1 - Le FHAR de Nice, comme tous les FHAR des régions (Toulouse, Tours, Nantes, Lille, Aix en Provence, Lyon) ne dépassera jamais une dizaine de militants. Les actions principales du groupe de Nice étaient la vente à la criée du *Doigt au cul*, la diffusion de tracts appelant à la libération sexuelle sur les campus et les bombages des boîtes privées catholiques et du Conservatoire de musique sans oublier les « bombes à merde » dans les églises de Nice à l'heure des vêpres [Voir l'histoire du FHAR de Nice dans *Citoyen de seconde zone*]. Cette dernière action fut condamnée par les tribunaux. La boîte aux lettres du FHAR de Nice fut souvent brisée et des tentatives de chantage de la police eurent lieu. L'attaque de San Remo fut conjointement préparée avec le FHAR de Paris. De nombreux voyages eurent également lieu (Berlin, Aarrhus, Milan, Amsterdam), suite à la mise en place par Françoise d'Eaubonne d'une éphémère IHR, Internationale Homosexuelle Révolutionnaire. Enfin, le FHAR de Nice vint régulièrement aux AG des Beaux-Arts à Paris rendre compte de ses actions et de ses difficultés notamment face à l'extrême droite, ce qui n'intéressait pas le FHAR de Paris. Plus efficaces furent les articles sur le groupe de Nice qui parurent dans les deux journaux du FHAR, *Le Fléau social* et *Antinorm*. Le FHAR de Tours accueillit de son côté une protestation

événements, par les gens, par la défonce, par les fêtes, par les voyages. Ce fut très agréable jusqu'à l'été 1973.

Comme j'avais une situation assez privilégiée, j'ai pris un appartement de luxe juste en face de la fac de lettres de Nice, dans un immeuble avec piscine et vue sur la mer. On en a fait une espèce de lieu ouvert à tous, une communauté informelle où vivaient ensemble entre 10 et 15 personnes : des paumés, des mineurs en fugue, des marginaux de tout acabit, des défoncés... Nous vécûmes au quotidien la critique sociale de notre contestation politique. Notre journal underground *Le Doigt au cul* intégrait aussi le groupe anarchiste Rouge et Noir et faisait la critique du conformisme de la gauche officielle. C'était une idéologie finalement plus situationniste européenne qu'inspirée de la contre-culture américaine telle que la donnaient à lire les premiers numéros d'*Actuel* et dont nous n'avons intégré certains aspects que plus tard. Dans cet appartement sont ainsi nés le FHAR, mais aussi le MLF, et le FLJ, le Front de Libération des Jeunes, plus éphémère.

Quelles étaient alors les priorités pour vous ?

Dans l'immédiat, il fallait briser l'ennui, vivre intensément, dénoncer la mise en scène du spectacle et donner le pouvoir à l'imagination. Nous expérimentions aussi des pratiques de subversion urbaine. Jusqu'au jour où Jacques

venue par cars entiers à l'encontre de Jean Royer, son maire, qui avait porté plainte contre Jean-Paul Sartre, directeur de *Tout*, à propos de ce numéro 12. Le FHAR d'Aix-en-Provence, davantage axé sur le théâtre et la parodie, fonda la troupe des Mirabelles, qui perdurera presque dix ans durant. Les autres FHAR ne semblent pas avoir eu d'actions notables ni perduré longtemps.

Médecin, maire de Nice, a brandi *Le Doigt au cul* lors d'une conférence de presse, rouge de fureur : on lui avait fait une moustache hitlérienne sur une photo. Un car de flics s'est alors installé en permanence en bas de notre immeuble, le Mona Lisa. Certaines de nos exactions sur la ville furent lourdement condamnées.

Il nous fallait donc quitter Nice, rejoindre Paris. Mais nous sommes arrivés trop tard : la gauche prolétarienne rendait l'âme, et le FHAR avait quitté les Beaux-Arts pour l'université de Vincennes.

Et là, ce fut la désillusion ?

Oui. À partir de Vincennes où se réfugie le FHAR après la fermeture policière des Beaux-Arts en 1974, l'université inventée par Edgar Faure suite à Mai 68 pour parquer toutes les fortes têtes sympathisantes de ce mouvement, j'ai ressenti cette « normalité » homosexuelle. J'ai fini par la ressentir comme oppressante. Le FHAR avait créé son vase clos. Nous étions à nouveau marginalisés. J'en avais plus que ma claque des théorisations. Ceux qui exprimaient les discours les plus radicaux paniquaient complètement dès que l'on sortait de Vincennes. D'ailleurs, il n'y avait quasiment plus d'actions, d'interventions.

C'est là, aujourd'hui, en 1978, que j'ai souhaité créer un groupe dans lequel homosexualité et hétérosexualité pourraient s'affronter de façon théorique mais aussi pratique, c'est-à-dire de façon consciente, vécue, puis verbalisée. Cela m'a éloigné du mouvement homosexuel et rapproché de mes réflexions de sociologie et de psychothérapie. Ce n'est que bien plus tard que je deviendrai correspondant de votre journal, *Gai Pied*, à Avignon.

De Neuilly à Belleville

Daniel Guérin

Mars 1985

Conventions et révolution - Mes origines bourgeoises
Le désir des prolétaires - L'Allemagne des années 30
Érotisme et nazisme - L'Europe du chaos - De Kinsey à Reich
Sartre et Mauriac - Les limites des luttes sectorielles
L'horreur de la mort

Quel est le premier événement politique où vous vous êtes senti sensibilisé avec l'histoire de votre temps ?

Ça remonte à très très loin puisque j'ai déjà 14 ans en 1918 quand j'ai ressenti de façon extrêmement nette l'horreur de la Première guerre mondiale. J'ai été un homme de gauche extrêmement tôt, bien avant d'être militant.

Vous êtes issu d'une famille assez aisée...

De grande bourgeoisie.

Mais avec un père que vous définissez comme humaniste.

Oui, c'est cela. Il s'occupait d'art. Il avait une culture littéraire très vaste, et musicale aussi. Moi-même, par là, j'ai connu très tôt à la maison, dans le salon de famille, des compositeurs. Gabriel Fauré, entre autres...

Dans cette période culturellement si riche en France, comment pouvez-vous situer l'homosexualité ? Dans ce milieu-là, est-ce que ça se disait ?

Ça ne se disait pas. En tout cas, pas dans mon milieu. Et moi, il m'a fallu des années pour savoir que j'étais de tendance homosexuelle, et mon père aussi.

Vous aviez quel âge lorsque, lors d'un voyage en Grèce, votre père vous a parlé de sa passion des hommes ?

Ce n'est pas pendant le voyage en Grèce, c'est plus tard. J'avais dépassé les 20 ans, je crois. Un jour mon père m'a dit : « Je remarque que tu reçois beaucoup de garçons dans ta petite garçonnière et qu'on y voit jamais de filles. » Je lui ai dit : « Oui, je ne t'en avais pas parlé pour ne pas te peiner, mais j'ai une préférence pour les garçons. » Alors il s'est mis à chialer et m'a dit : « Moi aussi. »

Votre père vivait-il son homosexualité clandestinement par rapport à son milieu ?

C'est difficile à dire. Par rapport à sa famille, bien sûr. Mais par rapport à son milieu, pas tout à fait. Mon père était membre de l'Automobile Club de France et, très tôt, dans le gymnase et la piscine du Club, mon père fut entouré de jeunes athlètes avec lesquels il faisait des acrobaties invraisemblables pour sa quarantaine.

Pour revenir à la politique, comment vous informiez-vous, sur quoi réfléchissiez-vous ? Avec cette conscience de gauche radicale que vous aviez ?

Jusqu'en 1930, à 26 ans, je n'avais pas milité, la conscience m'est venue pas seulement de vagues idées gauchistes que je nourrissais, mais d'un voyage, d'un séjour à Beyrouth, au Liban, et en Syrie en 1927-1929 ; là, j'ai vu toutes les horreurs, tous les scandales du colonialisme et je suis devenu anticolonialiste. Quand je suis rentré à Paris et que j'ai voulu militer, le point de départ, c'était l'anticolonialisme. D'autant qu'après la Syrie, je suis allé trois mois en Indochine et que j'ai connu les saloperies faites par des Français là-bas.

Comment s'est opéré le passage au militantisme ?

Je suis revenu d'Indochine, décidé à rompre avec mon milieu familial. D'habiter seul et d'avoir une vie indépendance. De gagner ma vie d'une façon ou d'une autre. Ça s'est passé en 1930. Je suis allé voir mon oncle Daniel Halévy, qui avait eu des relations avec des militants syndicalistes révolutionnaires dans le passé. Il m'a envoyé à Pierre Monatte, qu'il connaissait bien. Ils avaient écrit un livre ensemble sur le mouvement ouvrier. Monatte m'a reçu et m'a alors fait entrer dans son mouvement de syndicalistes révolutionnaires.

Est-ce que cette rupture de classe correspondait avec ce qui se passait en URSS, c'est-à-dire la révolution d'Octobre ? Comment avez-vous pris position par rapport à cela ?

Mes premières impulsions ont d'abord été une certaine fascination pour le premier État socialiste du monde. Mais le PC reposait sur des principes que je ne pouvais pas accepter. Et puis il y avait quelque chose de matériel et de physique. Les gars qui composaient le PC en 1930 étaient de véritables prolos, au vrai sens du terme, casquette et pantalon de terrassier. Ma fascination était, il faut bien le dire, à la fois sociale et sexuelle. J'étais fasciné par ce milieu qui était complètement différent de mon milieu d'origine.

Pendant deux ans, au Moyen-Orient, vous avez été sensibilisé à la question coloniale. Mais aussi sans doute à l'homosexualité ?

Bien sûr, car Beyrouth était un centre de la marine de guerre française. Par conséquent, j'ai tout de suite à mon arrivée eu des rapports sexuels avec deux matelots qui furent pendant un an et demi mes copains tous les deux ou trois soirs. Ils dînaient chez moi puis il y avait les rapports, après, surtout avec l'un des deux.

Mais l'homosexualité était bien partagée entre les hommes au Moyen-Orient ?

Oui, mais il faut dire que j'ai assez peu fréquenté de Libanais. Un moment, j'ai eu des rapports avec un jeune typographe qui ne faisait d'ailleurs que me sodomiser, rien de plus.

Dans les années 30, face à la grande force syndicale qui existait, il y avait la montée du fascisme.

On l'a senti à partir de 1932, même si en 1930, on fut frappé par la victoire des nazis — mais cela n'indiquait pas le danger. Et les souvenirs de Mussolini, en 1922, étaient estompés. Ce qui se passait en Allemagne ne semblait pas très redoutable.

C'est dans ces années-là que vous avez été en Allemagne ?

La première fois, au cours de l'été 1932, Hitler n'avait pas encore pris le pouvoir. Une deuxième fois, en avril-mai 1933, alors qu'Hitler avait déjà pris le pouvoir. Ce furent deux voyages tout à fait différents : le premier fut un voyage à pied, sac à dos, avec un copain, et nous couchions dans les auberges de jeunesse, des endroits tranquilles, charmants étant donné les jeunes qu'on y rencontrait. On rencontrait encore cette jeunesse romantique du temps des mouvements de jeunesse d'autrefois, les *Jugendbewegung*, des jeunes qui se promenaient de par les routes avec guitare ou mandoline, sac à dos, les jambes nues... J'ai connu cette période-là.

En 33, c'était très différent, les auberges étaient en partie hitlérisées, et on était obligé de discuter avec de jeunes nazis dans les auberges de jeunesse. C'était passionnant, mais très dur.

Ce très fort mouvement de jeunesse, qui était formidable, spectaculaire, comment véhiculait-il l'homosexualité ?

À vrai dire je n'ai jamais vu de manifestation ouverte d'homosexualité dans les auberges de jeunesse. J'ai désiré beaucoup de jeunes qui étaient là, mais je n'ai jamais fait l'amour. Heureusement, j'étais avec un copain qui, lui, m'accordait des gratifications de ce genre.

Est-ce que, si vous n'aviez pas eu cette conscience politique très forte, question ambiguë, vous n'auriez pas été fasciné par le nazisme ?

Ah non ! Absolument pas !

Pourquoi ?

Parce que j'avais un raisonnement datant de longues années qui était violemment anti-autoritaire, anti-nazi, antifasciste ! C'était depuis longtemps ancré chez moi et pas un instant, malgré les désirs physiques, je n'ai flanché ou basculé.

Est-ce que vous n'avez pas l'impression que, jusqu'à la chute de Berlin, il y a eu beaucoup d'homosexuels dans l'appareil d'état nazi ?

Certainement beaucoup.

Et les actes homosexuels se passaient de façon clandestine et pour l'apologie de l'homme pur ?

C'est ça, mais ce n'était pas uniquement clandestin, le film de Visconti *Les Damnés* le montre bien. Ça se traduisait sous forme de partouzes.

N'avez-vous pas l'impression aussi qu'il y a une espèce de contradiction, une ambiguïté dans ce que vous notez comme support érotique de l'uniforme et votre lutte anti-hiérarchique ?

Bon, naturellement, il y a une contradiction profonde qui m'a suivi toute ma vie et encore aujourd'hui. Je suis libertaire, antimilitariste chevronné, je participe à des mouvements et comités de lutte pour les soldats... et je suis toujours séduit par les jeunes bidasses que je vois à la gare Maine-Montparnasse le vendredi soir, ou partir le dimanche soir. Je suis toujours très fasciné. Ce fut peut-être une raison de ma spécialisation dans la lutte antimilitariste. L'homosexualité m'a amené à une vision militante.

C'est un peu l'itinéraire de Jean Genet. Dans le sens où il dit, de façon très provocatrice: je n'aurais rien compris au FLN si je n'avais pas couché avec des Arabes. Ou quand il a milité pour les Blacks Panthers, ou la situation des immigrés en France. C'est un peu le même itinéraire.

Oui. D'ailleurs, ça se retrouve chez moi pendant la période de la guerre d'Algérie. À cette époque, j'avais des amis algériens avec lesquels je faisais l'amour. Dans cette guerre, la dualité existait en moi: j'étais profondément et sincèrement révolté par la colonisation française en Algérie, mais en même temps profondément attaché à ces jeunes, très mâles, qui me plaisaient énormément et qui militaient en général pour le FLN.

Quand a eu lieu votre mariage?

En 1934. Ma femme était une jeune communiste allemande réfugiée à Paris. On a fait du camping et je fus très étonné de bander lorsque j'étais à côté d'elle sous la tente. J'ai donc fait l'amour avec elle. Je l'ai épousée et j'ai connu plusieurs années de vie hétérosexuelle normale, entre guillemets, n'est-ce pas.

Pendant la guerre, vous vous êtes retrouvé dans la Résistance.

Oui. Mais j'ai toujours refusé d'entrer dans la Résistance, aussi bien la gaulliste que la communiste, car j'étais internationaliste et que je pensais que les deux camps avaient une même part de responsabilité dans la guerre de 39-45 comme pour la première guerre mondiale. La seule chose que je pouvais faire, c'était d'aider les ouvriers, dans une boîte de la région parisienne, à confectionner des journaux clandestins, à la fois contre l'occupant allemand et contre le patron qui s'engraissait en fabriquant des armes pour la Wehrmacht.

Vous viviez donc en rupture de classe avec votre famille?

J'étais en rupture de classe avec ma famille. En même temps, j'étais allé voir Monatte, j'avais été voir Léon Blum qui, à la suite d'une lettre où je lui disais que je voulais entrer dans le mouvement socialiste, me reçut chez lui, au lit, avec un pyjama étourdissant (mauve avec des taches d'or), très folle. Il a été très gentil avec moi et m'a dit: vous allez rentrer dans le parti socialiste, 20e section, la plus ouvrière de Paris. Donc j'étais en même temps avec les syndicalistes révolutionnaires et dans la gauche du PS.

Est-ce que vous avez l'impression que Blum était homosexuel?

Je suis persuadé que Blum était bisexuel. La tendance homosexuelle était très visible chez lui, par ses gestes, son élégance…

À partir de quel moment avez-vous décidé de parler d'homosexualité dans votre pratique militante?

Oh, beaucoup plus tard, lorsque j'ai publié en 54 le petit livre *Kinsey et la sexualité*. J'avais lu les deux volumes de son rapport et j'ai publié ce petit livre chez Julliard. J'appelais ça mon « brûlot ». Ce fut mon premier acte officiel, écrit et public.

Comment a-t-on réagi autour de vous?

Pas mal. Le petit livre m'a valu l'estime de pas mal de gens. Il n'y a pas eu de scandale.

Qu'est-ce que vous pouvez dire des rapports que vous avez eus avec Sartre ? Est-ce que vous pensez que Sartre avait trop de fascination pour le PC ?

Sartre était une girouette politique, un très mauvais politique, il n'y comprenait rien. Simplement une nature généreuse, une nature « masochiste », cherchant à se faire arrêter, cherchant la répression, n'y arrivant presque jamais d'ailleurs. Je n'ai jamais été d'accord avec Sartre sur le plan politique.

Vous avez eu des rapports beaucoup plus longs et même une amitié avec François Mauriac.

Ah, ce fut l'amitié dont je m'honore le plus. Je l'ai connu en 1923. Nous parlions de nos tendances homosexuelles. Il a connu un amour caché pour quelqu'un qui vit toujours en Suisse.

Est-ce que vous pensez que Mauriac a eu une pratique homosexuelle ?

Ah oui. D'ailleurs, il ne s'en cachait pas devant moi.

Mais il ne voulait pas en parler publiquement ?

Ah oui, il le cachait. Aujourd'hui encore, madame Mauriac m'interdit de publier certaines lettres que j'ai reçues de lui. J'ai fait don de toutes ces lettres à la BN. Il voulait les brûler. Mais j'ai résisté, je lui ai dit que ces lettres faisaient partie de son œuvre littéraire.

Pourquoi vous êtes-vous marié ?

Je souffrais beaucoup de la solitude. Jusqu'à ma rencontre avec ma femme, en 33, cette solitude avait été meublée par un charmant garçon, celui-là même qui m'avait accompagné en Allemagne.

Mais pourquoi n'avoir pas essayé de vous mettre en ménage avec un garçon ?

Jamais l'idée ne m'est venue. Avec qui que ce soit d'ailleurs. Je me suis marié avec le très fort désir d'avoir une postérité.

Si on revient en Allemagne dans les années 30, il y avait le grand mouvement Sexpol de Wilhelm Reich. Vous avez écrit dessus.

Bien plus tard. Je l'ai connu d'abord lorsque je suis allé en Allemagne avant la guerre. Puis j'ai rencontré Reich en 47-49 lors de mon voyage aux USA. Ça m'a donné envie de mieux connaître son œuvre. Reich était un homosexuel refoulé, c'est pour cela qu'il fut si agressif envers l'homosexualité.

Comment s'est passée votre réflexion politique avant la guerre froide ? Lors de ce séjour aux États-Unis, qu'est-ce que vous avez pensé du capitalisme américain ?

J'ai été un adversaire acharné du capitalisme américain, des grands monopoles, de l'oppression des Noirs, des ouvriers blancs pauvres. Je suis revenu et j'ai fait un livre de dénonciation du capitalisme américain. Ça m'a valu de sérieuses attaques d'anciens amis qui me reprochaient, en pleine guerre froide, quand Staline était le principal ennemi, de faire un livre de dénonciation du capitalisme américain.

Qu'est-ce que vous pensez de la pédophilie ? Avez-vous l'impression que c'est l'enfance de l'homosexualité ou que c'est une sexualité tout à fait à part ?

Moi, je n'ai pas d'a priori sur la pédophilie. Tout ce que je sais, c'est que je ne suis pas pédophile. Mais je comprends que certains trouvent du plaisir avec de très jeunes garçons et je me garderais bien de faire partie de la meute qui est contre eux. Actuellement, je suis de ceux qui ont signé la lettre à François Mitterrand au sujet de l'affaire du Coral [1].

La vie homosexuelle à Paris avant la guerre, est-ce que vous l'avez connue ? Est-ce que vous alliez à de grands bals, à de grandes festivités à Paris, la nuit ?

Oui. J'ai raconté ça dans le livre *Paris 1925*, de Gilles Barbedette. J'allais par exemple, plusieurs années de suite, au bal homosexuel de Magic City.

Si on saute les années pour arriver en 1968, avez-vous été un fervent partisan de Mai 68 ?

Oui, fervent partisan, et je soutiens encore aujourd'hui, contre ceux qui veulent réduire l'importance de Mai 68, que ce fut le début d'une révolution en France, alors que beaucoup prétendent que ce ne fut qu'un mouvement avorté, et surtout intellectuel. Quand toutes les entreprises de France furent paralysées par l'occupation des usines, et même si le PC empêchait tout contact entre les travailleurs et les étudiants, je pense que ce fut un mouvement formidable mais aussi une faillite de l'extrême-gauche, qui aurait pu pousser plus loin.

---

1 - Voir *Des citoyens de seconde zone*, op. cit., p. 126.

Vous vous êtes retrouvé au Front Homosexuel d'Action Révolutionnaire, en 1971.

Oui, j'étais au FHAR. Et j'étais enthousiaste après ma participation à Arcadie. Car j'ai participé des années à Arcadie.

Comment se fait-il qu'avec des gens de la trempe de Françoise d'Eaubonne, Pierre Hahn, vous, et peut-être Jean-Louis Bory, il n'y a pas eu de possibilité dans, ou à côté d'Arcadie[1], de créer un mouvement plus radical, plus audacieux, que ce qui se passait rue du château d'eau?

Ça tenait au recrutement des Arcadiens, tous des petits-bourgeois trouillards, ou même des grands bourgeois. Et puis, il y avait la personnalité napoléonienne de Baudry.

Il a mené cette maison du début à la fin?

Oui, à la cravache.

Que pensez-vous de la disparition d'Arcadie?

Je pense qu'Arcadie n'était plus utile depuis longtemps. C'était de plus en plus pâle, à l'eau de rose et ennuyeux. Ça devait finir comme cela. Mais il faut quand même rendre hommage à l'association Arcadie d'avoir été quelque chose de courageux à une époque où rien n'existait.

Au niveau du FHAR, je me souviens que vous étiez tout à fait scandalisé par l'attitude des gazolines, parfois...

Oui, mais si j'ai quitté le FHAR, c'est parce qu'il était devenu dans les derniers temps un lieu de drague. Alors, venir rue Bonaparte pour cela...

---

1 - Voir note 1, page 59.

Est-ce que vous pensez que le FHAR a souffert d'une absence de véritable plan politique ?

Absolument.

Il était quand même prévisible que, la question homosexuelle étant tellement vaste, il y aurait des difficultés à coordonner ce mouvement. Est-ce que vous n'avez pas le sentiment qu'il y a eu dans le FHAR une volonté formellement libertaire, qui l'a empêché de se doter d'un plan d'action. Car il s'agissait de coordonner tout cela.

C'est certain. Il y avait la peur de la naissance d'une bureaucratie dans le FHAR. Mais je me souviens d'avoir entraîné une cinquantaine de personnes, la salle étant fermée, dans le sous-sol d'un café, au coin du théâtre de l'Odéon, et là il y a eu une réunion très intéressante, où l'on a discuté avec sérieux de questions importantes touchant l'homosexualité. Tous les gens qui étaient là étaient réconfortés d'avoir enfin discuté de quelque chose d'enfin un peu sérieux et constructif.

Qu'est-ce que vous pensez de la situation des homosexuels aujourd'hui ?

Je crois qu'il y a une aggravation du ghetto du fait même du succès du mouvement.

Un gonflement commercial ?

Pas seulement, mais un besoin de se retrouver dans le ghetto, entre gens du ghetto et selon les rites du ghetto. Alors, je ne me sens pas à l'aise. Je me sens universaliste, bisexuel, ambivalent politiquement...

Votre histoire dit bien que vous avez toujours été dans le tissu social, en tant qu'homosexuel peut-être, mais dans le tissu social et non parmi les homosexuels.

Oui, en accordant la priorité au militantisme politique, et avant les problèmes spécifiquement homosexuels, bien que je les défendais à une époque où nous n'étions pas nombreux à le faire. Mais le militantisme social est la priorité des priorités. Par exemple, dans l'affaire de la radio Fréquence Gaie, si j'avais eu un choix à faire, il aurait été pour Radio libertaire et non FG [1].

Quelle comparaison, un peu rapide, pouvez-vous faire entre le Front Populaire et l'actuel gouvernement socialiste?

Il y a une différence fondamentale: il y a eu un mouvement de base populaire très profond au moment du Front Popu. Aujourd'hui, ce mouvement n'existe plus! On n'entend pas la voix des travailleurs.

Si bien que l'on risque de se retrouver dans une social-démocratie classique, de plus en plus réformiste.

Oui, mais c'est plus grave que ça, à savoir que nous sommes au plus profond d'une crise économique mondiale. Et l'on risque des avatars. Personne ne peut dire où cela va mener: un renouveau de l'extrême-gauche ou une remontée du fascisme?

---

1 - A ses débuts, la radio homosexuelle Fréquence gay réussit une mobilisation de rue pour empêcher sa suppression par le gouvernement.

De l'amitié comme mode de vie

Michel Foucault

Avril 1981

Jeunesse et vieillesse - Le désir des garçons
Femmes entre elles - Être et devenir gay - La sexualité face à la volonté de savoir - L'amour et l'amitié
Inventer d'autres relationnels

Vous êtes quinquagénaire. Vous êtes lecteur du *Gai Pied*, qui existe depuis deux ans. Est-ce que pour vous l'ensemble de ses discours est une chose positive?

Que le journal existe est quelque chose de positif et d'important. À votre journal, ce que je pouvais demander, c'est que je n'aie pas en le lisant à me poser la question de mon âge. Or, la lecture me force à me la poser; et je n'ai pas été très content de la manière dont j'ai été amené à le faire. Tout simplement, je n'y avais pas de place.

Peut-être est-ce le problème de la classe d'âge entre ceux qui y collaborent et ceux qui le lisent: soit une majorité entre vingt-cinq et trente-cinq ans.

Bien sûr. Plus il est écrit par des gens jeunes, plus il concerne des gens jeunes. Mais le problème n'est pas de faire place à une classe d'âge à côté d'une autre, mais de savoir ce qu'on peut faire par rapport à la quasi-identification de l'homosexualité et de l'amour entre jeunes.

Autre chose dont il faut se défier, c'est la tendance à ramener la question de l'homosexualité au problème du « qui suis-je ? quel est le secret de mon désir ? ». Peut-être vaudrait-il mieux se demander « quelles relations peuvent être, à travers l'homosexualité, établies, inventées, multipliées, modulées ? ». Le problème n'est pas de découvrir en soi la vérité de son sexe mais c'est plutôt d'user désormais de sa sexualité pour arriver à des multiplicités de relations. Et c'est sans doute là la vraie raison pour laquelle l'homosexualité n'est pas une forme de désir mais quelque chose de désirable. Nous avons donc à nous acharner à devenir homosexuels et non pas à nous obstiner à reconnaître que nous le sommes. Et ce vers quoi vont les développements du problème de l'homosexualité, c'est le problème de l'amitié.

Le pensiez-vous à vingt ans, ou l'avez-vous découvert au fil des années ?

Aussi loin que je me souvienne, avoir envie de garçons, c'était avoir envie de relations avec des garçons. Ça a été pour moi toujours quelque chose d'important. Non pas forcément sous la forme du couple, mais comme une question d'existence : comment est-il possible pour des hommes d'être ensemble ? De vivre ensemble, de partager leur temps, leurs repas, leur chambre, leurs loisirs, leurs chagrins, leur savoir, leurs confidences ? Qu'est-ce que c'est que ça, être entre hommes, « à nu », hors de relations institutionnelles, de famille, de profession, de camaraderie obligée ? C'est un désir, une inquiétude, un désir-inquiétude qui existe chez beaucoup de gens.

Est-ce qu'on peut dire que le rapport au désir et au plaisir, et à la relation qu'on peut avoir, soit dépendant de son âge ?

Oui, très profondément. Entre un homme et une femme plus jeune, l'institution facilite les différences d'âge ; elle l'accepte et la fait fonctionner. Deux hommes d'âge notablement différent, quel code auront-ils pour communiquer ? Ils sont l'un en face de l'autre sans arme, sans mots convenus, sans rien qui les rassure sur le sens du mouvement qui les porte l'un vers l'autre. Ils ont à inventer de A à Z une relation encore sans forme, et qui est l'amitié : c'est-à-dire la somme de toutes les choses à travers lesquelles, l'un à l'autre, on peut se faire plaisir.

C'est une des concessions que l'on fait aux autres que de ne présenter l'homosexualité que sous la forme d'un plaisir immédiat, de deux jeunes garçons se rencontrant dans la rue, se séduisant d'un regard, se mettant la main aux fesses et s'envoyant en l'air dans le quart d'heure. On a là une espèce d'image proprette de l'homosexualité, qui perd toute virtualité d'inquiétude pour deux raisons : elle répond à un canon rassurant de la beauté, et elle annule tout ce qu'il peut y avoir d'inquiétant dans l'affection, la tendresse, l'amitié, la fidélité, la camaraderie, le compagnonnage, auxquels une société un peu ratissée ne peut pas donner de place sans craindre que ne se forment des alliances, que ne se nouent des lignes de force imprévues.

Je pense que c'est cela qui rend « troublante » l'homosexualité : le mode de vie homosexuel beaucoup plus que l'acte sexuel lui-même. Imaginer un acte sexuel qui n'est pas conforme à la loi ou à la nature, ce n'est pas ça qui inquiète les gens. Mais que des individus commencent à s'aimer, voilà le problème. L'institution est prise à contre-pied; des intensités affectives la traversent, à la fois elles la font tenir et la perturbent: regardez l'armée, l'amour entre hommes y est sans cesse appelé et honni. Les codes institutionnels ne peuvent valider ces relations aux intensités multiples, aux couleurs variables, aux mouvements imperceptibles, aux formes qui changent. Ces relations qui font court-circuit et qui introduisent l'amour là où il devrait y avoir la loi, la règle ou l'habitude.

Vous disiez tout à l'heure: « Plutôt que de pleurer sur des plaisirs fanés, m'intéresse ce que nous pouvons faire de nous-mêmes. » Pourriez-vous préciser?

L'ascétisme comme renonciation au plaisir a mauvaise réputation. Mais l'ascèse est autre chose: c'est le travail que l'on fait soi-même sur soi-même pour se transformer ou pour faire apparaître ce soi qu'heureusement on n'atteint jamais. Est-ce que ce ne serait pas ça notre problème aujourd'hui? Congé a été donné à l'ascétisme. À nous d'avancer dans une ascèse homosexuelle qui nous ferait travailler sur nous-mêmes et inventer, je ne dis pas découvrir, une manière d'être encore improbable.

Cela veut-il dire qu'un garçon homosexuel devrait être très prudent par rapport à l'imagerie homosexuelle, et travailler à autre chose?

Ce à quoi nous devons travailler, me semble-t-il, ce n'est pas tellement à libérer nos désirs mais à nous rendre nous-mêmes infiniment plus susceptibles de plaisirs. Il faut échapper aux deux formules toutes faites de la pure rencontre sexuelle et de la fusion amoureuse des identités.

Est-ce qu'on peut voir des prémices de constructions relationnelles fortes aux États-Unis, en tout cas dans les villes où le problème de la misère sexuelle semble réglé?

Ce qui me paraît certain, c'est qu'aux États-Unis, même si le fond de misère sexuelle existe encore, l'intérêt pour l'amitié est devenu très important: on n'entre pas simplement en relation pour pouvoir arriver jusqu'à la consommation sexuelle, qui se fait très facilement, mais ce vers quoi les gens sont polarisés, c'est l'amitié. Comment arriver, à travers les pratiques sexuelles, à un système relationnel? Est-ce qu'il est possible de créer un mode de vie homosexuel?

Cette notion de mode de vie me paraît importante. Est-ce qu'il n'y aurait pas à introduire une diversification autre que celle qui est due aux classes sociales, aux différences de profession, aux niveaux culturels, une diversification qui serait aussi une forme de relation, et qui serait le « mode de vie »? Un mode de vie peut se partager entre des individus d'âge, de statut, d'activité sociale différents. Il peut donner lieu à des relations intenses qui ne ressemblent à aucune de celles qui sont institutionnalisées et il me semble qu'un mode de vie peut donner lieu à une culture, et à une éthique. Être « gay », c'est je crois non pas s'identifier aux traits psychologiques et aux masques visibles de l'homosexuel, mais chercher à définir et à développer un mode de vie.

N'est-ce pas une mythologie que de dire: « Nous voilà peut-être dans les prémices d'une socialisation entre des êtres qui est inter-classes, inter-âges, inter-nations »?

Oui, grand mythe que celui de dire: il n'y aura plus de différence entre l'homosexualité et l'hétérosexualité. Je pense d'ailleurs que c'est une des raisons pour lesquelles l'homosexualité fait problème actuellement. L'affirmation qu'être homosexuel, c'est être un homme et qu'on s'aime, cette recherche d'un mode de vie va à l'encontre de l'idéologie des mouvements de libération sexuelle des années 60. C'est en ce sens-là que les « clones » moustachus ont une signification. C'est une façon de répondre : « Ne craignez rien, plus on sera libérés, moins on aimera les femmes, moins on se fondra dans cette polysexualité où il n'y a plus de différence entre les uns et les autres. » Et ce n'est pas du tout l'idée d'une grande fusion communautaire. L'homosexualité est une occasion historique de rouvrir des virtualités relationnelles et affectives, non pas tellement par les qualités intrinsèques de l'homosexuel, mais parce que la position de celui-ci « en biais », en quelque sorte, les lignes diagonales qu'il peut tracer dans le tissu social permettent de faire apparaître ces virtualités.

Les femmes pourront objecter : « Qu'est-ce que les hommes entre eux y gagnent par rapport aux relations possibles entre un homme et une femme, ou un rapport entre deux femmes ? »

Il y a un livre qui vient de paraître aux USA sur les amitiés entre femmes. Il est très bien documenté à partir de témoignages de relations d'affection et de passion entre femmes. Dans la préface, l'auteur dit qu'elle était partie de l'idée de détecter des relations homosexuelles, et elle s'est aperçue non seulement que ces relations n'étaient pas toujours présentes mais que c'était inintéressant de savoir si on pouvait appeler cela homosexualité ou non. Et qu'en laissant la relation se déployer telle qu'elle apparaît dans les mots et les gestes, apparaissent d'autres choses très essentielles : des amours, des affections denses, merveilleuses, ensoleillées ou bien très tristes, très noires. Ce livre montre aussi à quel point le corps de la femme a joué un grand rôle, et les contacts entre les corps féminins : une femme coiffe une autre femme, elle l'aide à se farder, à s'habiller. Les femmes avaient droit au corps des autres femmes : se tenir par la taille, s'embrasser. Le corps de l'homme était interdit à l'homme, de façon plus drastique. S'il est vrai que la vie entre femmes était tolérée, c'est seulement dans certaines périodes et depuis le XIXe siècle que la vie entre hommes non seulement fut tolérée, mais rigoureusement obligatoire tout simplement pendant les guerres.

Également dans les camps de prisonniers. Vous aviez des soldats, des jeunes officiers qui ont passé là des mois, des années ensemble. Pendant la guerre de 14, les hommes vivaient complètement ensemble, les uns sur les autres, et pour eux ce n'était pas rien dans la mesure où la mort était là et où finalement le dévouement de l'un à l'autre, le service rendu, étaient sanctionnés par un jeu de la vie et de la mort. En dehors de quelques propos sur la camaraderie, la fraternité d'âme, de quelques témoignages très parcellaires, que sait-on de ces tornades affectives, des tempêtes de cœur qu'il y a pu y avoir dans ces moments-là ?

On peut se demander ce qui a fait que, dans ces guerres absurdes, grotesques, ces massacres infernaux, les gens ont malgré tout tenu. Par un tissu affectif sans doute. Je ne veux pas dire que c'était parce qu'ils étaient amoureux les uns des autres qu'ils continuaient à se battre. Mais l'honneur, le courage, ne pas perdre la face, le sacrifice, sortir de la tranchée avec le copain, devant le copain, cela impliquait une trame affective très intense. Ce n'est pas pour dire : « Ah, voilà l'homosexualité ! » Je déteste ce genre de raisonnement. Mais on a sans doute là une des conditions, pas la seule, qui a permis cette vie infernale où des types, pendant des semaines, pataugeaient dans la boue, les cadavres, la merde, crevaient de faim, et étaient soûlés le matin pour l'assaut.

Je voudrais dire enfin que quelque chose de réfléchi et de volontaire comme une publication devrait rendre possible une culture homosexuelle, c'est-à-dire des instruments pour des relations polymorphes, variées, individuellement modulée. Mais l'idée d'un programme et de propositions est dangereuse. Dès qu'un programme se présente, il fait loi, c'est une interdiction d'inventer. Il devrait y avoir une inventivité propre à une situation comme la nôtre et à cette envie que les Américains appellent « coming out », c'est-à-dire se manifester. Le programme doit être vide. Il faut creuser pour montrer comment les choses ont été historiquement contingentes, pour telle ou telle raison intelligible mais non nécessaire. Il faut faire apparaître l'intelligible sur le fond de vacuité et nier une nécessité, et penser que ce qui existe est loin de remplir tous les espaces possibles. Faire un défi incontournable de la question : à quoi peut-on jouer, et comment inventer un jeu ?

Les nouveaux fronts du sida

Michael Pollak

Mai 1988

Sida et comportements homosexuels - La mobilisation des minorités - Les stratégies américaines - L'évolution de l'épidémie - Prévention et information

À partir de quelle situation, personnelle et sociale, avez-vous été amené à travailler sur le sida en termes sociologiques ?

Je me suis intéressé à cette question d'abord comme homosexuel. Ensuite, cette maladie s'inscrit dans mes travaux sociologiques : sociologie de la sexualité, sociologie de l'homosexualité, problème de l'identité sociale en situation extrême, etc. Mais il est très difficile de construire un discours cohérent quand il n'y a pas un minimum de distance, donc une certaine distance dans le temps. Les premiers écrits sur le sida qui relèvent des sciences sociales viennent de chercheurs universitaires engagés dans la défense des homosexuels, et contre la dénomination de « groupes à risque », attitude défensive contre le discours médical qui arguait que le sida pouvait se traduire par le retour d'une réaction morale. Cette hypothèse n'était pas la plus fondée ni même la plus probable. Par ailleurs, même si la dénomination « groupe à risque » n'est pas scientifiquement fondée, elle désigne tout de même une réalité, une simple probabilité statistique, celle que les homosexuels sont un groupe plus touché que d'autres. À partir de là il fallait donc se demander comment déclencher, déployer des possibilités de prévention, au-delà de cette réaction défensive initiale.

La collaboration entre homosexuels et médecins est aujourd'hui patente. Pourtant c'était bien la médecine qui avait médicalisé l'homosexualité. Pourquoi le sida a-t-il créé cette situation inédite ?

Le lien entre la réalité homosexuelle et la médecine est effectivement très vieux, en terme d'étiquetage de l'homosexualité comme déviance, comme pathologie. Une dimension essentielle des luttes a été justement de dissocier les deux. Or ce rapprochement est aujourd'hui en train de se reconstituer, par le biais de cette maladie contagieuse. Si aujourd'hui il y a un militantisme gay qui entre en convergence avec le discours médical, par exemple dans le cadre de la prévention, c'est en fait une sorte de mariage de raison, bien spécifique, avec des objectifs précis. Si les homosexuels se prêtent bien évidemment à toutes sortes d'investigations médicales, c'est dans le cadre d'une maladie aujourd'hui encore mortelle, et au nom d'un espoir investi pour soi-même comme pour celui de servir l'humanité. Et s'il y a des abus par rapport à la déontologie, c'est que cette transgression des règles vient d'une urgence, d'une demande des malades eux-mêmes, comme par exemple la mise accélérée sur le marché de l'AZT, sans que tous les protocoles expérimentaux aient été bouclés.

Même chose pour la volonté de savoir : les homosexuels, après le silence, disent tout sur leur sexualité. Là aussi, les comportements changent. Pourquoi ?

Les premières très larges enquêtes sur la réalité homosexuelle datent de la fin des années 60, début des années 70. Mais on avait du mal à recueillir suffisamment de données aux USA, en Allemagne ou en France pour accéder à une certaine puissance statistique. La non-visibilité des homosexuels était associée à une volonté de protection. Et puis les minorités sexuelles furent à la fois les plus importants promoteurs et les premières bénéficiaires de la libéralisation des mœurs. Aujourd'hui, dans une société qui fournit des assurances démocratiques et pluralistes, la visibilité permet la promotion d'un certain nombre d'intérêts et de possibilités pour un groupe social, soutenu par la force qu'il se donne dans l'espace public, inscription garante de liberté, donc de défense de soi-même. Le sida permet désormais de recueillir beaucoup plus facilement des données pour tout ce qui concerne la sexualité.

Depuis trois ans vous enquêtez sur les effets du sida chez les homosexuels. Quelles sont vos premières conclusions ?

J'ai voulu mettre en place, à partir de 1985, un instrument d'enquête annuel pour analyser ces changements dans différents domaines : dans les pratiques sexuelles, dans les styles de vie, dans l'évolution du relationnel sexuel et affectif[1].

Disons d'abord que les homosexuels ne forment pas un groupe homogène mais un groupe relativement hétérogène, avec une volonté forte de différenciation et un grand nombre de sous-groupes qui émergent à l'intérieur de cette

1 - Enquêtes statistiques menées à partir de questionnaires parus dans le journal *Gai Pied*.

population. En 1985, les réactions face au sida se lisaient essentiellement en fonction du degré d'acceptation de l'homosexualité. Deux pôles extrêmes de réactions se sont alors dégagés : d'un côté, les classes moyennes des grandes villes, essentiellement parisiennes, qui commençaient à s'adapter, à prendre des préservatifs, à avoir des pratiques à moindre risque. Bien que plus touchées que toutes les autres catégories sociales, elles avaient tendance à ne pas céder à la panique, moins en tout cas que l'autre groupe, celui des homosexuels de la campagne et des petites villes qui, avec une vie sexuelle relativement clandestine, ne vivent pas en acceptation sociale avec leur homosexualité. Là, à la peur sociale s'ajoute une sorte de paralysie par rapport à des modifications de conduite. On y constatait une très faible diffusion des précautions sexuelles.

Donc, si pendant cette première année d'observation, les changements étaient encore très minoritaires (seulement 5 % indiquaient en 85 utiliser des préservatifs), c'était le degré d'acceptation de l'homosexualité qui était le facteur le plus flagrant. Nous avons eu confirmation, en 1986, que la catégorie sociale professionnelle et l'âge fonctionnaient en priorité. Se produisit alors un vrai début de prise de conscience et de changement des conduites sexuelles, mais avec à nouveau une différenciation très forte entre classes moyennes urbaines et les classes populaires, les ouvriers s'adaptant très lentement au risque. Les statistiques de surveillance du ministère montrent que le sida a pris son essor en France dans les classes moyennes parisiennes et que, jusqu'en 1986, il y avait extrêmement peu de cas de sida ouvriers parmi les homos. Depuis maintenant plus d'un an, on voit apparaître dans les statistiques, les homosexuels des classes populaires.

Autre constat : aux USA, l'épidémie reste fortement circonscrite à des zones géographiques très précises, la côte Est, la côte Ouest, quelques poches en Floride et quelques grandes villes du Texas.

Maintenant, on se rend compte qu'ici les provinciaux des très petites villes, d'environ 20 000 habitants, apparaissent dans les statistiques de façon inquiétante. C'est qu'ils venaient de préférence à Paris vivre leur sexualité plutôt que dans une ville voisine. Contradictoirement, les villes provinciales de taille moyenne ont été proportionnellement plus longtemps épargnées. D'où une plus rapide propagation sur tout le territoire national à cause de cette « centralisation érotique » que produit Paris et de cette infection bien particulière des petites localités.

Est-ce que vos enquêtes ne fournissent pas également pour la première fois des corrélations intéressantes entre l'identité socioculturelle et le rôle sexuel des homosexuels ?

Il y a effectivement un lien entre le degré d'acceptation de l'homosexualité, sa banalisation sociale, ses styles d'expression et le rôle sexuel choisi. Ainsi trouve-t-on dans nos enquêtes, et ceci de façon très continue, cohérente et permanente, un lien entre la classe sociale, l'acceptation de l'homosexualité et l'expression sexuelle, à savoir les rôles actifs ou passifs [1]. Si dans les classes moyennes urbaines il y a une forte banalisation de l'homosexualité, le style d'expression est un style « gay » qui met l'accent sur des attributs de la virilité. On y observe alors une indifférenciation entre le rôle actif et

1 - Lire à ce propos l'étude de Michael Pollak dans la revue *Actes de la Recherche en sciences sociales*, dirigée par Pierre Bourdieu, en juillet 1987, et le livre *Les Homosexuels et le sida*, éditions Anne-Marie Métailié, 1988.

passif dans le jeu sexuel. On voit par contre dans les classes populaires, où l'homosexualité est encore mal perçue, une bipolarisation, une césure entre l'actif et le passif, entre d'un côté une sorte d'obligation intériorisée, celle de cacher sa sexualité en affichant un certain machisme, où l'on va, dans ses rapports sexuels, jouer uniquement le rôle actif, ce qui est d'ailleurs culturellement courant dans les cultures maghrébine ou d'Amérique latine. Et d'un autre côté, des manifestations d'un style de « folle », d'un style d'expression de soi fortement efféminé, lié très souvent à une préférence très marquée pour un rôle sexuel passif.

L'injustice n'est-elle pas aussi que le virus s'attaque de façon différente suivant la catégorie sociale?

Quand nous pensons inégalité sociale, les mécanismes de mobilisation, qui d'habitude se mettent en place politiquement, situent l'inégalité en bas de l'échelle sociale pour organiser une réaction de défense. Or le virus, dans les pays industrialisés, a plutôt attaqué d'abord les classes moyennes et les classes supérieures. Ce fut une possibilité de mobilisation parce qu'il s'agit de groupes qui ont effectivement les moyens de se donner de l'ampleur, de parler à voix forte et de se mobiliser en même temps. Si la prévention marchait, elle mettrait déjà, à terme, les classes moyennes à l'abri. Le sida risque désormais de devenir une maladie non seulement de la marginalité, mais aussi une maladie populaire. La question est finalement de savoir si notre humanisme et si une certaine mobilisation sociale vont se battre contre ce déplacement inquiétant que l'on observe en bas de l'échelle sociale.

Comment on peut accélérer le processus de prévention parmi les homosexuels des classes populaires ?

Nous sommes relativement mal armés, aussi bien les pouvoirs publics que les médias homos. Autre urgence : comment accélérer le processus dans cette autre population en mire qu'est la population toxicomane ? Là, on n'en est encore qu'au tout début. Par ailleurs les précautions sexuelles sont un phénomène qui est très difficile à maintenir à long terme : c'est quelque chose de discontinu, car il y a toujours des moments où l'on craque. Il est donc nécessaire que l'effort soit maintenu.

Le manque de confiance en soi est un facteur plus essentiel encore que le manque de confiance dans les autres, confiance en soi pour réaliser ce qu'on veut précisément faire, c'est-à-dire pour imposer le préservatif ou le *safer sex* dans une situation donnée. Cela est valable pour tous : chacun, il faut le souhaiter, met la barre pour le risque qu'il prend dans sa vie sexuelle. C'est donc une décision, un choix à assumer.

Les prostitués hommes et femmes ne sont-ils pas abandonnés dans les politiques de prévention ?

Il faut se garder de parler de la prostitution en termes relativement homogènes. Des études hollandaises et allemandes montrent très bien que les prostitués qui disposent d'un statut social, donc qui ont une maîtrise sur leur pratique, ont une vraie possibilité d'organisation, de défense. Ceci n'est pas du tout le cas pour la prostitution occasionnelle, ou sans statut, ou avec dépendance à la drogue. L'imposition des préservatifs aux clients sera alors moins exigée. Car le problème dans la prostitution, ce n'est pas la prostituée ou le prostitué mais c'est le client, son refus. À ce risque s'ajoute plus généralement un sentiment d'impuissance et de non maîtrise de la réalité.

Le sida aujourd'hui

Daniel Defert

Juillet 2002

Le décès de Michel Foucault - La fondation de l'association AIDES - La place des malades - Les stratégies américaines - Les résistances psychologiques à la prévention Les stratégies dans le tiers-monde - Prévention et politique

Quels sont les antécédents, les axes stratégiques d'AIDES?

C'est d'abord le décès de Michel Foucault, en juin 1984, et le fait que nous avions non seulement milité, mais aussi vécu ensemble ici. Ensemble, nous avions construit le Groupe d'Information sur les Prisons, le GIP, de 1970 à 1972, un mouvement politique qui a tout de même eu à son actif 32 ou 35 révoltes dans les prisons. Nous avions construit une manière de penser et une mobilisation politique. Ce groupe d'information sur les prisons a commencé à la fin de 1970. J'étais alors à la Gauche prolétarienne. Mes amis étaient emprisonnés. Le GIP était un des premiers mouvements ayant pour cible une population particulière et stigmatisée. Le FHAR se créait dans le même moment, ainsi que le MLF.

C'est la période où les mouvements post-soixante-huitards — qui ne sont pas des mouvements spontanés, mais des mouvements créés par des organisations politiques maoïstes, trotskistes, et qui reprennent de vieux schémas politiques — sont en train d'éclater avec de nouvelles problématiques autour de nouvelles populations. Le groupe d'information sur les prisons a constitué une mobilisation à la fois des professionnels de la Justice et des détenus. Des prisons a surgi la parole de ceux qui en supportaient le poids dans le silence le plus total et dans l'opprobre. Un mouvement autour des prisonniers politiques avait été plus facile à déclencher, mais pour les prisonniers dits « de droit commun », il y avait une espèce de réprobation morale et un consensus au silence sur le vécu quotidien de la prison.

Avec AIDES, ce n'était pas la prison, c'était l'hôpital. Il y eut cette idée de mobiliser le monde médical — parce que, bien sûr, la réponse était partiellement entre les mains des médecins —, mobiliser le monde politique — qui ne l'était pas du tout — et faire que les gens qui supportaient le plus intensément le poids de l'épidémie — c'est-à-dire les premières personnes atteintes — soient au cœur du dispositif, au moins ceux qui voulaient bien prendre la parole en 1984-85.

Je crois que plus personne ne se souvient qu'en France, en 1984, la maladie était quasi inconnue, même en tant qu'épidémie. C'est vraiment en cherchant que j'ai découvert qu'il y avait eu 294 cas dans l'année 84. Mais il n'y avait pas une véritable perception de l'épidémie alors que le doublement des cas était déjà en train de se produire en l'espace d'une année. L'essentiel du débat semblait être de savoir qui, de Montagnier ou de Gallo, avait découvert le virus que l'on appelait alors le LAV. Beaucoup doutaient que ce soit à Pasteur que l'on ait réussi l'isolement du virus. On discutait âprement de ces questions de priorité scientifique avec l'idée optimiste que l'on avait peut-être déjà la solution avant de connaître l'épidémie. À part une émission de télévision autour d'un des premiers malades, on s'y intéressait peu. Il n'y avait nulle connaissance de la réalité épidémique.

Le groupe d'information sur les prisons est pour moi un modèle de mobilisation qui a mis à contribution à la fois des experts et une expertise muette, qui n'était jusqu'alors pas écoutée. Il y avait, selon moi, une analogie: un interdit moral sur les détenus d'une part, un interdit moral sur les malades d'autre part. Il faut dire qu'à l'époque, la majorité des malades du sida étaient supposés être homosexuels. Ils se renfermaient dans un double silence: sur leur sexualité et sur la maladie. En militant dans le GIP, nous avons abordé le problème de l'homosexualité en prison, la situation des travestis à Fresnes et le suicide de Gérard Grandmontagne [1], qui était brimé en tant qu'homosexuel dans cette même prison de Fresnes. C'est-à-dire des questions éthiques et juridiques tout à fait inédites pour la société et la classe politique.

C'est un peu la même situation que je retrouve en 1984. Il y a un interdit moral, et une ignorance très profonde de ce qu'est la maladie. J'ai d'abord envisagé un mouvement en termes de droit. Je trouvais inadmissible, l'ayant vécu de près, qu'on cache à un malade ce qui lui arrive. Bien sûr, il est difficile de dire à quelqu'un qu'il est atteint d'une maladie mortelle à courte échéance. Justement, les médecins étaient tétanisés et n'en parlaient pas. Il n'y avait ni soutien, ni communication. Je pensais qu'on avait quand même un droit de savoir, de savoir pour soi, pour la gestion de sa vie.

---

1 - Gérard Grandmontagne, un des héros du FHAR, s'est suicidé en prison après n'avoir pas caché son homosexualité, vraisemblablement victime de sévices. Guy Hocquenghem lui dédiera un de ses ouvrages.

Pendant ces ruminations, j'ai trouvé dans *Libération* une lettre d'un garçon qui venait d'apprendre qu'il était atteint ou séropositif. On le savait alors très difficilement. J'ai fait le test en 84. Je vous assure qu'il fallait deux mois pour avoir les résultats. Et la signification de la séropositivité a été assez longue à saisir: est-ce qu'elle signalait des anticorps protecteurs ou des signes de contamination? Tous les discours ont été tenus. Ce garçon, aujourd'hui décédé, écrivait: « Apprendre qu'on a cette maladie, c'est invivable. » Si c'était invivable, il fallait aborder les choses autrement.

J'avais commencé à réunir des avocats. Je suis allé en Angleterre, parce que j'avais l'habitude de travailler l'été à la British Library, et j'ai consulté toute la littérature médicale existant sur le sida. En France, je ne savais pas très bien où la trouver. C'est d'ailleurs parce que j'étais sans arrêt en train de lire des documents qui se référaient au sida, *Aids* en anglais, que je ne voyais pas comment appeler l'association autrement qu'AIDES, mais en en retournant la signification, non plus en référence à la maladie, mais à la solidarité. À Londres, j'ai eu la chance de rencontrer le Terence Higgins Trust qui avait démarré depuis peu. J'ai tenu la permanence téléphonique avec eux. Ils étaient en contact avec le GMHC de New York (le *Gay Men's Health Crisis*). J'ai ainsi découvert qu'il existait déjà des mouvements dans les autres pays.

Je rentrai en France, en septembre 1984, avec une autre perspective. J'ai commencé à réunir un certain nombre d'amis du milieu gay militant. J'ai appelé aussi des amis de Médecins du Monde qui n'ont pas répondu. J'ai contacté les responsables d'organes homosexuels, c'est-à-dire essentiellement à l'époque, mon ami Jean-Pierre Joecker de *Masques* et Franck Arnal de *Gai Pied*. Il y avait également autour de moi des gens très informés tels que Gilles Barbedette. Il a servi de go-between entre les États-Unis et le docteur Leibowitch. L'ami de Gilles Barbedette, Jean Blanquart, était déjà malade. Nous étions donc un très petit groupe de gens qui ne se savaient pas touchés, alors que j'attendais les résultats de mon test, comme Gilles Barbedette, qui a eu l'élégance absolue de ne jamais donner le résultat à son ami parce qu'on avait alors l'idée que le plus avancé dans la maladie avait forcément contaminé l'autre.

Quelle est votre identité sérologique?

Puisque vous me posez la question, aujourd'hui, je suis toujours séronégatif. Sans doute parce que ma sexualité a été bousillée et l'est encore aujourd'hui. Avant la mort de Michel Foucault, je passais une partie de l'été à San Francisco. Je pense qu'il y a peu d'homosexuels dont la vie n'ait pas été profondément bouleversée, quel que soit leur statut sérologique. Bien sûr, c'est encore pire quand vous apprenez que vous êtes touché. Je ne dirai jamais que c'est comparable. Bien entendu, j'étais soulagé, mais ça n'avait pas encore l'impact dramatique que l'on connaîtra plus tard car, je le rappelle, on ne savait pas grand-chose sur l'épidémie.

Gilles Barbedette m'avait proposé: « On va faire une conférence de presse pour lancer AIDES. » J'avais refusé en disant: « Écoute, pour l'instant, on ne sait rien. Et les journalistes risquent même d'en savoir plus que nous. » Je voulais que nous ayons d'abord acquis une expérience significative. Et nous l'avons obtenue grâce aux paroles des malades et, plus particulièrement, de ceux qui s'adressaient à notre permanence téléphonique. À partir du moment où on a ouvert cette permanence en février 1985, on a commencé à recevoir toutes les questions que les gens se posaient sur le sida. Et c'est là qu'on a découvert l'abîme d'ignorance et d'angoisse où se trouvait la population française alors que l'épidémie demeurait encore mal connue. J'ai un cahier dans lequel j'ai noté au moins les cent premiers appels. Je notais tout pour savoir qu'elles étaient les questions et les réponses qu'on pouvait apporter, pour cerner quels étaient les problèmes que rencontraient les gens. Et c'est hallucinant de voir ce qu'ils nous racontaient. On y décryptait toutes les angoisses possibles sur la vie sexuelle et sur les modes de contamination. On a commencé à intervenir en tant qu'association à partir de cette expérience-là, celle de la demande d'informations sur l'épidémie.

À ce moment-là, les journalistes se sont tous précipités pour écouter ce qui se disait à notre permanence téléphonique. Au départ, l'idée de susciter une prise de parole des malades était un petit peu utopique. Il y avait peu de malades et ceux qui se savaient malades étaient en phase terminale. En l'absence de test, on ne disposait pas encore d'une population de personnes simplement séropositives. Ceux qui se découvraient malades ne le disaient pas, et c'était au dernier moment que l'entourage venait nous voir en nous disant : « Voilà, mon fils, mon amant est malade. » Les gens n'étaient plus en état d'agir, de militer, de témoigner. De plus, c'étaient, la plupart du temps, des personnes qui n'avaient pas révélé leur homosexualité à leur entourage et les choses étaient donc très embrouillées. Ils ne pouvaient pas parler du sida parce que cela aurait signifié homosexualité, et ils ne pouvaient pas non plus parler d'homosexualité parce que c'eût été faire peur à cause du sida. Ce n'était pas du tout la situation que l'on constate quelques années plus tard lorsque le test est disponible et que les gens en connaissent la signification. Il n'y avait pas de médicaments. Les malades mouraient d'affections opportunistes majeures, touchant les poumons ou le cerveau. Les pneumocystoses étaient mortelles à très brève échéance, de l'ordre de deux à trois mois après les premiers symptômes. L'AZT n'apparaît qu'en 87. Donc, il faut bien se dire que fin 84, début 85, quand les gens commencent à être malades, on arrive à traiter une pneumocystose ou une toxoplasmose mais les malades mourraient quand même d'infections opportunistes.

Au début, la mobilisation des malades est inexistante parce qu'ils ne sont pas en état d'affronter la situation. Très vite, on est lié à des problèmes d'accompagnement et de fin de vie. Ce qui oblige à trouver une parole de prévention. Il ne fallait pas non plus donner dans le drame le plus absolu, car la mort est stigmatisante. Au départ, on a donc un projet global, celui d'acquérir une expertise sur la maladie et de créer une mobilisation sociale. Pour nous, tout cela doit être articulé autour de la parole des malades pour déboucher sur une mobilisation politique. Cette dernière n'est pas la plus difficile à obtenir si on a une mobilisation sociale préalable. Le politique suit les sondages d'opinion, mesure les risques électoraux et la pression de la population. Donc, pour nous, ce qui a toujours été primordial, c'est la mobilisation de la population. Le politique suit. Mais il y avait une incrédulité partielle. Il faut comprendre que le milieu gay n'avait plus de leadership politique. En 1981, il avait connu des victoires avec l'élection des socialistes, puis les gens s'étaient démobilisés. Ils venaient de découvrir des formes nouvelles de vie homosexuelle, avec notamment le modèle commercial américain et les débuts du Marais.

Comment s'est mise en place la prévention chez les gays?

J'avais habité le Marais jusqu'au moment où s'est ouvert le premier bar en 78. Les bars étaient désormais ouverts toute la journée. Les prix étaient les mêmes de jour comme de nuit, comme dans les autres bars. Autrefois, c'étaient des lieux très fermés, très protecteurs, et qui vous le faisaient payer. Les gens découvraient donc de nouvelles formes de liberté et il est difficile d'entendre en même temps un message de mort. C'est pour cela que nous avons décidé de mettre l'accent sur l'échelle des risques, sur le *safer sex*.

Je me rappelle un journal du groupe David Girard, *G.I.*, qui avait intérêt à développer ses saunas, et qui disait — et ça marchait chez des gens d'extrême-gauche — que le sida était un fantasme inventé par la droite reaganienne pour stopper le mouvement homosexuel. Puis s'est répandue dans l'extrême gauche américaine l'idée qu'on nous avait inoculés la peste porcine. C'était une perception purement politicienne et paranoïaque. On parlait également à l'époque du « cancer gay ».

De notre côté, nous ne voulions pas fermer les backrooms parce que tout le monde aurait dit que c'était de la répression. Le résultat aurait d'ailleurs été, je crois, catastrophique. Les gens seraient partis ailleurs. Nous pensions, au contraire, qu'il fallait utiliser tous ces lieux de rassemblement pour en faire des lieux d'information, même de façon un peu ludique. Après tout, montrer un préservatif, le dérouler sur un objet, cela peut être érotique. Je me rappelle ceux qui arrivaient à nos présentations dans les bars et qui s'attendaient à ce qu'on leur dise: « Maintenant, c'est l'abstinence. » On ne leur disait pas ça. On leur expliquait au contraire qu'il y avait une échelle des risques. Ce qui a freiné la diffusion de l'épidémie, c'est véritablement ce message sur l'échelle des risques. C'est-à-dire que les gays ont changé tout un ensemble de pratiques sexuelles.

Il ne faudrait pas croire que la prévention, c'est seulement un message sur le préservatif. On a appris à vivre autrement. D'abord, il y a eu moins de pénétrations anales. On a découvert d'autres formes d'érotisation. Je me rappelle ces camarades qui ont monté SPG, le mouvement Santé et Plaisir Gay, en invitant à l'érotisation d'autres parties du corps. On sait que l'érotisme a de nombreux points d'ancrage si on explore bien le corps. Et puis s'est développé le sexe par téléphone. Puis la vie s'est davantage organisée en couples. S'il y a eu un tel élan en faveur du pacs, c'est parce qu'il répondait à une demande évidente. Quand les gens se sentent pris dans une vie affective et sexuelle non-reconnue socialement, ils sont condamnés à une plus grande errance, une plus grande consommation aléatoire, discrète, nocturne, et sans protection. Et des changements massifs de comportements dans le sens de la prévention ont suivi, c'est cela qui était l'essentiel.

Notre intervention ne consistait pas à dire : « C'est la catastrophe ou *yaqua.* » Il s'agissait de bien analyser les situations concrètes avec nos interlocuteurs. On allait dans les bars gay et également dans les lieux de drague, en forêt, aux Tuileries, dans tous les lieux de rencontre. On les écoutait et on leur tenait un discours qui leur permettait de rationaliser eux-mêmes leurs propres risques, et de modifier leurs comportements.

Il y a eu aussi cette parole donnée aux malades.

Au fur et à mesure que le groupe s'est constitué, l'objectif fut en effet de donner la parole aux malades. Nous avions, par exemple, un projet d'affiche avec un dessinateur, Bastille, dont le style se rapprochait de celui de Tom of Finland, que j'adore. Il nous avait fait une affiche impressionnante représentant un type au sauna qui portait un préservatif en forme de lance d'arrosage immense. C'était un peu violent. On s'est demandé si ce serait la première affiche d'AIDES. Je n'étais pas contre. On l'a donnée à analyser aux premiers malades militant en tant que tels au sein d'AIDES. Ça se passait chez Frédéric Edelmann. Tout le monde a examiné l'affiche et Jean Blanquart, qui était le plus malade de notre association, a dit : « Moi, mon monde, ce n'est plus le monde gay. Je ne vais plus dans les saunas, ni ailleurs. Moi, mon monde, ce sont les médecins, c'est l'hôpital. » Avec les formules simplistes de mon passé de maoïste — l'œil du paysan voit juste —, je me suis dit : quelle est la personne qui analyse le plus profondément la situation ? C'est celui qui la vit dans la douleur la plus grande, l'angoisse la plus intense. Écoutons donc les malades. Cette affiche, il la récusa comme d'autres malades qu'on avait interrogés. On ne l'a donc pas retenue.

Nous pensions la prévention à partir de nos propres ressources, dans tous les sens du mot — il n'y avait encore aucune aide publique — et aussi à partir des premiers documents rapportés des États-Unis. Il fallait aussi donner une bonne image d'AIDES. Je me souviens de Frédéric Edelmann et de son ami Jean-Florian Mettetal qui sont deux très beaux garçons, et qui mettaient leur beauté en valeur quand on allait dans les bars faire de la prévention parce qu'il fallait rester désirable. Et quand nous sommes allés en 1985 aux Universités d'été de Marseille — c'est vous, Jean Le Bitoux, qui avait organisé leur première session —, ils arrivaient bronzés et on accourait les écouter parler de prévention. La première fois que nous sommes passés à la télévision, on me disait : « Ils sont beaux, les gens d'AIDES. » Tout le monde avait peur que nous soyons vieux et rabat-joie, c'est-à-dire hors-jeu. Il était très important d'érotiser la prévention. Quand on a commencé à faire des campagnes de publicité sur le préservatif, nous disions : « Inspirez-vous des campagnes de Coca-Cola. Les campagnes les plus sexy sont faites pour qu'on consomme une boisson. Et vous faites des campagnes sur le préservatif qui doivent être sexy. » Il faut que le préservatif soit inclus dans un processus érotique et non pas dans un rejet du plaisir. Son usage implique aussi une relation avec son ou sa partenaire qui est très différente. On ne peut pas le mettre à la sauvette, ça fait débander. On est donc obligé de le mettre dans le cadre d'un jeu érotique. Et cela signifie qu'on en parle ensemble et qu'on a un rapport au corps qui est tout autre.

AIDES ne dit pas, comme le fait ACT UP dans le dernier numéro de son journal, qu'il n'y a qu'un seul moyen de prévention : le préservatif. Si on a réduit l'épidémie, c'est en pesant sur l'ensemble des comportements ; c'est aussi en ayant moins de partenaires ou en ne cherchant pas systématiquement la pénétration anale. Peut-être que les plus jeunes et les hétéros ont une approche moins complexe.

Au départ, nous avons pensé la prévention dans un milieu qui assumait son homosexualité et la mettait en pratique. Puis nous avons été de plus en plus confrontés à des gens qui n'avaient pas le même rapport culturel à la sexualité, à leur corps, à leur identité. Pour la majorité, la sexualité réelle n'est pas facile à exprimer. Dans les rapports homme-femme, il y a une telle dissymétrie dans la plupart des cultures que la femme est très souvent mal placée pour proposer un préservatif à l'homme. Il faut prendre en compte tout cela et ne pas tenir un discours uniquement technicien. Et puis il faut penser à toute la dimension relationnelle d'un rapport érotique, car, dans la relation érotique, on ne sait jamais à l'avance comment ça va se passer et il y a des moments où la relation s'est engagée de telle manière que l'on va vers une impasse. La prévention suppose donc une réflexion très approfondie sur les scénarios individuels et le contexte dans lequel on s'implique.

J'étais enseignant encore il y a un an. J'avais des étudiants d'une vingtaine d'années. Les jeunes ont tous entendu parler du sida et du préservatif, mais ça ne va guère au-delà. Ils savent, mais entre savoir et modifier ses comportements, il y a une grande marge.

Et puis il y a la durée de l'épidémie et le fait, heureux, que les trois-quarts des malades ne sont plus visibles comme tels, repérables comme malades, que la plupart des gens peuvent continuer à vivre une vie sociale apparemment normale; même si c'est très dur et extrêmement épuisant intérieurement, ça ne se voit pas extérieurement. Il y a une sorte d'occultation de la maladie. Et on le constate bien aussi dans le monde médical. Les médecins parlent aux malades sans bien réaliser le drame qu'ils vivent ni les angoisses qu'ils ressentent. Tout le monde a tendance à occulter la gravité de la maladie et de l'épidémie. Je distingue les deux — la maladie, c'est l'événement individuel, et l'épidémie, l'événement collectif. Dans la mesure où la maladie est moins visible, l'épidémie le devient également. Et globalement, au fur et à mesure que s'installe la longévité de cette maladie, s'installe aussi l'oubli. Actuellement, il y a certainement un travail à faire auprès des populations les moins informées, qui n'ont pas accès aux moyens d'information traditionnels. Il faut donc trouver des relais beaucoup plus pertinents.

Quelle prévention peut-on faire en direction du tiers-monde, qui est très touché, et de ceux qui vivent ici ?

On sait qu'en Afrique, si on soigne les autres maladies sexuellement transmissibles, on diminue considérablement la transmission du sida. Elles créent des ulcérations des muqueuses qui sont des portes pour le virus. Et puis, dans la plupart des pays pauvres, on fait l'amour sans se déshabiller. D'abord, on n'a pas d'endroit où baiser nus. On ne prend pas de douche tous les jours. Or, plus on a un rapport fréquent à son corps nu, plus on peut explorer son corps et le corps de l'autre. D'une certaine manière, les formes de prévention sont indissociables des formes d'érotisme. Et dans ces sociétés où les formes d'érotisme liées à la nudité ne sont pas possibles, on ne connaît pas le corps de l'autre et on ignore son état.

Je me rappelle un exemple d'il y a trois ans. On travaillait beaucoup avec des associations de femmes africaines en banlieue parisienne. Elles nous disaient : « On ne peut pas parler du sida comme ça, ni former une association de lutte contre le sida. Ce n'est pas possible, c'est trop stigmatisant. » Donc, il fallait trouver autre chose pour aborder le sujet. Il y avait une association de femmes qui apprenaient à repasser pour travailler chez des particuliers. Elles apprenaient également les règles de la cuisine européenne bourgeoise. À partir du moment où elles se sentaient en confiance, elles parlaient de leurs problèmes conjugaux. C'est à ce moment-là qu'on pouvait discuter de prévention, parce qu'elles n'étaient pas venues pour ça. Mais si on avait fait naïvement une réunion sur la prévention du sida, elles auraient été stigmatisées aux yeux de leur entourage.

En Afrique, il existe tout de même de nombreuses associations. Elles ont développé une pratique que j'ai trouvée absolument remarquable. Un pays exemplaire, dans lequel j'ai passé un peu de temps, est l'Ouganda. C'est un des premiers pays qui aient été touchés parce qu'il est fort probable que les premiers foyers de l'épidémie se sont situés autour du lac Victoria, notamment dans un village de pêcheurs. Là, presque toute la population a disparu. Ils ont développé des PTC (Post-Test Club), c'est-à-dire que dans tous les villages, vous voyez des pancartes PTC. On y fait un dépistage dont le résultat est donné huit jours plus tard, comme c'est le cas en France aujourd'hui. Aussitôt après le test, il y a des soirées club. Les gens ne sont donc pas traumatisés par le diagnostic. Le travail de prévention et de discussion se fait lorsque tout le monde est logé à la même enseigne, dans l'attente des résultats. On sait très bien que lorsqu'on apprend qu'on est positif, on n'entend plus que son angoisse. Et ceux dont le test s'avère finalement négatif sont tellement soulagés qu'ils n'écoutent plus. Mais durant ces huit jours, les gens sont fragilisés. C'est donc un moment très important pour les informer. Ils sont très réceptifs à l'information de prévention, et ils peuvent discuter de tous leurs problèmes relationnels. Comment vais-je faire pour le dire ? À qui dois-je ou ne dois-je pas en parler ? Comment faire dans la relation sexuelle ?

L'OMS s'est intéressée à ces questions. L'Ouganda les a systématisées avec beaucoup de courage. Du coup, les gens ont une vraie culture sur le sujet. Ils ont été confrontés à tellement de décès et tellement de familles ont été obligées d'accueillir des orphelins que toute la vie sociale a été marquée par le sida. Je me rappelle un homme catholique très pratiquant qui me disait : « J'étais contre le préservatif, mais au dix-huitième orphelin à ma table, j'ai compris. »

Dans les pays occidentaux, le sida a été d'autant plus visible qu'on l'a lié à l'homosexualité. L'homosexualité a rendu le sida visible. Les toxicomanes étaient déjà atteints, mais personne ne le savait du fait d'une visibilité moindre que la nôtre. Leur contamination n'a pas été médiatisée comme pour les homosexuels. On a réalisé, après coup, des études épidémiologiques chez les toxicomanes de New York. Il y avait un taux de mortalité inhabituel dans les années 80 et on ne savait pas que c'était déjà dû au sida. Les populations africaines étaient elles aussi déjà touchées.

Chez nous, la visibilité du sida a été liée à l'homosexualité et réciproquement, la visibilité de l'homosexualité a été renforcée par le sida. S'il y a 500 000 personnes à la Gay Pride aujourd'hui, c'est que non seulement le milieu médical, mais aussi toutes les familles et le milieu politique ont été confrontés à cette question sociale. L'homosexualité, ce n'était plus du militantisme, c'était une évidence qui surgissait de partout. Les homosexuels ont inclus, dans leur militantisme, la lutte contre le sida.

Certes, la présence d'homosexuels dans des conférences internationales sur le sida a servi un peu de repère pour des homosexuels d'autres pays, d'Inde ou d'Afrique, et maintenant d'Asie; mais dans la plupart de ces pays, les relations sexuelles entre personnes de même sexe ne sont pas pensables dans la catégorie occidentale de l'homosexualité. Foucault avait écrit sur ce sujet. Dover a fait un remarquable livre sur l'homosexualité grecque qui permet de comprendre cela, mettant en lumière des règles qui étaient en vigueur au Maghreb et encore récemment. Maintenant, ça a dû changer, mais quand j'habitais en Tunisie dans les années 60, c'était encore le schéma courant. Toutes les relations entre personnes de même sexe ne définissent pas un choix d'identité. Il faut distinguer les pratiques érotiques de l'identité psychologique et sociale.

Au Vietnam, par exemple, où j'ai participé le 1er décembre dernier à la constitution d'une grande association de séropositifs vietnamiens, officiellement l'homosexualité n'existe pas. Tous m'ont dit que tout est possible aussi longtemps qu'on ne le dit pas. Un Occidental avait eu l'idée de créer une association homosexuelle à Saïgon. Cette association homosexuelle vietnamienne a voulu envoyer un délégué à un colloque des homosexuels asiatiques à Kuala Lumpur. À la frontière, les douaniers de son pays lui ont interdit la sortie en prétextant qu'il n'y avait pas besoin de représenter les homosexuels vietnamiens puisque l'homosexualité n'existait pas chez eux. Dans les pays où les femmes coûtent cher et doivent rester vierges jusqu'au mariage, où la main-d'œuvre est bon marché, il y a tout un ensemble de facteurs qui font que le développement érotique s'accomplit logiquement entre gens de même sexe, avec une érotisation très consciente et très forte, sans aboutir à un choix identitaire.

Donc, quand on raisonne en termes de prévention dans ce contexte, il vaut mieux ne pas partir d'un schéma que ces populations récusent. Dans la mondialisation en cours, ce n'est pas seulement aux effets du capitalisme que nous assistons, c'est aussi à un phénomène plus profond de bouleversement des affects. Dans les pays du Maghreb, les relations homme-femme vont être nivelées. On passera probablement à la monogamie, et je pense que plus les femmes seront accessibles, plus la fréquence des pratiques homosexuelles diminuera. Il est fort probable qu'aujourd'hui celles-ci sont moins fréquentes qu'il y a trente ans parce que les femmes sont plus accessibles. Il y aura donc un moindre pourcentage de gens qui connaîtront une érotique homosexuelle. Je me suis intéressé à un programme de prévention en Inde ciblé sur les camionneurs, un métier qui concerne des centaines de milliers de personnes. Il y a leurs femmes et leurs rencontres sexuelles. Ils rentrent chez eux tous les six mois. Ils baisent durant leurs voyages, hommes ou femmes.

Au Vietnam, sur cent personnes en trithérapie, cinquante le sont à titre privé et cinquante sont prises en charge sur des fonds publics. Il y a le même taux officiel de contamination qu'en France, soit à peu près 134 000 personnes identifiées. La stigmatisation y est considérable. Toute personne séropositive est exclue de toutes les fonctions sanitaires. Je peux vous montrer une photo d'un hôpital où je suis allé. On peut y voir un écriteau sur lequel est indiqué : « Hôpital pour la phase terminale du sida ». L'État diffuse, de son côté, les messages les plus catastrophiques. On a vu la même chose en Pologne et en Russie, où les gens y arrivent en phase terminale parce qu'on ne sait ni les soigner ni prévenir la maladie. C'est la société qui les y accule.

J'ai vu également des malades palestiniens extrêmement mal traités par leur famille. Ils se faisaient soigner dans un hôpital israélien. C'était il y a trois ans de cela. Où en sont-ils, aujourd'hui, dans cette folie ?

De son côté, la Thaïlande a fait un énorme effort. J'ai rencontré une Thaïlandaise qui travaille maintenant avec les autorités vietnamiennes, elle a fait un travail extraordinaire en Afrique. La Thaïlande est à la fois un pays extrêmement touché et un pays où existent une activité militante très importante et aussi une production pharmaceutique qui permet de produire des médicaments génériques. Une de mes étudiantes thaïlandaises a fait une recherche qui montre que, quand on étudie la Thaïlande, on tombe toujours sur la prostitution. Elle a observé un milieu lycéen de moyenne bourgeoisie. Son étude montrait une société fortement avide de consommation comme au Japon. Donc, un *sugar daddy* qui veut vous sauter, les filles ne sont pas contre : cela va leur permettre de s'acheter le dernier modèle d'Agnès B. Il n'y a pas de zone de la société qui ne soit pas en contact avec la prostitution. Cette étude montrait que par ce biais la classe moyenne n'était pas hors du champ de l'épidémie. Ici, dans nos sociétés, la prostitution est devenue un phénomène très marginal, grâce à la libération sexuelle. La pilule a changé le statut de la prostitution.

Comment le milieu politique français a-t-il réagi sur le sida tout au long de ces décennies ?

Politiquement, il faut se souvenir que les bases d'une politique nationale sur le sida ont été tardivement définies par Michèle Barzach quand elle fut ministre de la santé. Il y a eu une politique d'ensemble, avec un gouvernement de droite. Ensuite, on a eu avec Rocard un gouvernement de gauche qui a vraiment engagé les moyens qu'il fallait. Pendant le temps où j'ai été président d'AIDES, nous avons eu au moins trois interlocuteurs politiques différents. Mais la politique n'a plus changé à partir du moment où il s'agissait de principes globalement appliqués ailleurs et non spécifiques à la France. La question a été plus difficile pour la toxicomanie, et je crains aujourd'hui une régression. La publicité pour les préservatifs était encore interdite en 1984-85, et les socialistes n'ont pas voulu changer cela pour des raisons électorales.

Donc, la différence entre la droite et la gauche a été jusqu'à présent peu sensible en la matière. Les traitements de substitution, c'est Simone Veil et Philippe Douste-Blazy, puis Bernard Kouchner. Les seringues, c'est Michèle Barzach, puis Claude Évin. C'est sous le ministère de Claude Évin qu'il y a eu le plus d'investissements financiers. Michèle Barzach avait de grands projets mais n'en a pas reçu les moyens. Tous les problèmes politiques sont d'ordre électoral. Avec le soutien de la société, on peut obtenir beaucoup. Voilà pourquoi j'en ai beaucoup voulu à ACT UP lorsqu'ils ont rompu avec le public le lien que nous avions tissé, lors du Sidaction de 1996. Ce n'est pas le politique qu'il faut convaincre, c'est la société. Ils ont rompu un lien avec la société, et tout cela pour se montrer, car leur obsession c'est la médiatisation et les lieux de visibilité. Mon analyse a toujours été la suivante : travaillons au sein de la société pour être entendus par elle. Les politiques suivront, poussés par la peur électorale.

La découverte du virus est française ?

La France a eu la chance accidentelle de découvrir le virus, une chance inouïe dont elle n'a pas su profiter. En 1982 s'est constitué un groupe de travail sur l'immunodéficience acquise, composé de chercheurs du ministère de la Santé et de médecins de ville. C'est la dynamique de ce mouvement qui a fait que ces gens se sont tous mis à chercher et ont trouvé le virus. Cette découverte a eu un effet scientifique, mais pas politique, alors qu'on avait tout pour la cristalliser politiquement. Le virus a été trouvé un peu par hasard. La technique avait été élaborée aux États-Unis. Françoise Barré-Sinoussi, qui a isolé le virus, avait travaillé chez

Gallo. Mais Gallo cherchait un virus de la famille de ceux qu'il avait déjà isolés, les HTL, ceux qui déclenchent les cancers. Donc, il le cherchait chez des gens en phase terminale. Il pensait qu'il s'y développait de plus en plus, alors qu'au contraire, le virus détruisait les cellules-hôtes et devenait donc moins visible.

Le hasard a fait que les Français ont prélevé un ganglion chez quelqu'un qui était en phase précoce et ils ont trouvé le virus alors qu'en phase terminale, il n'y en a presque plus. C'est un virus qui se reproduit en millions d'exemplaires pendant la phase initiale. Le problème majeur, à partir de l'isolation du virus, a été la recherche pharmaceutique. Or nous n'avions plus de groupe pharmaceutique suffisamment compétitif. Aucun médicament n'a été découvert par un groupe français. De plus, depuis un certain temps, un partage avait été fait entre la recherche vaccinale, choisie par la France, et la recherche thérapeutique, poursuivie dans d'autres pays. Et le sida est un domaine où la recherche vaccinale progresse très lentement.

J'ai eu alors le sentiment d'une absence de visibilité de la prévention, au moment du gouvernement Jospin. En revanche, l'effort de financement, grâce au système de sécurité sociale, l'effort de prise en charge, a été assez exceptionnel. La prise en charge à 100 % des séropositifs est une situation rare dans le monde, d'autant que cela coûte très cher. Il y a donc une solidarité nationale incontestable que personne n'a remise en cause. La CMU a été instaurée, ce qui permet également d'aider un plus grand nombre de gens. Aujourd'hui, il faut un accord international pour fixer le prix des médicaments. Plusieurs pays sont en mesure d'exporter des génériques, mais ils sont bloqués par des accords sur la protection de la propriété intellectuelle. Certains pensent-ils que la compétition des firmes pharmaceutiques reste une chose efficace ? Certains échos des laboratoires me parviennent selon lesquels les médicaments arrivent à une butée au bout d'un certain nombre d'années, ce qui risque de freiner la recherche à moyen terme. Mais tous les médicaments sont confrontés à des résistances qui sont autant de défis à la recherche.

En juillet dernier, j'ai assisté au festival de Solidays. Il y avait plein de monde au stand d'AIDES, et dans leur majorité, je ne les connaissais pas. La relève est donc assurée. Il y avait 400 volontaires réunis par Solidays rien que pour la manifestation. Je sais bien que c'est une mobilisation ponctuelle, sur de grands schémas. Mais cela montre qu'on a réussi à infléchir l'histoire du sida en France. On a contribué à une pensée, touchant aussi bien l'organisation des soins et des réseaux que la prise en charge à domicile et les droits des malades. Mais tous les mouvements qui existent aujourd'hui ne peuvent pas dire qu'ils ont contribué à une politique. Beaucoup restent dans le caritatif, dans le festif ou dans la collecte de fonds, ce qui ne modifie pas la politique. Je pense que l'essentiel d'AIDES a été d'être un mouvement social qui a contribué à défendre ou à imposer des axes politiques et à formuler des propositions qui ont été retenues. La proposition et la contribution à des axes politiques, c'est ce qui m'a toujours intéressé.

NdA : Deux ans et demi après cet entretien, la situation ne semble pas avoir évolué. Dans une tribune libre au journal *Libération*, le juriste Daniel Borillo, l'ancien président d'AIDES Arnaud Marty-Lavauzelle et le docteur Myriam

Kirstetter déclarent notamment : « On est passé en quelques années de l'effroi à la banalisation. Le sida, qui avait porté la lumière sur les préoccupations capitales de santé publique, se retrouve paradoxalement au coude à coude avec la grippe, le tabagisme et l'abus dans la consommation d'alcool (...). Nous n'avons pas su suffisamment maintenir l'intérêt, la vigilance et la mobilisation. Pour les jeunes, le sida demeure une épidémie du passé (...). Ce déficit est le résultat d'un manque de volonté individuelle, communautaire et politique. Nous avons la connaissance mais nous ne la transformons pas en outil efficace. Nous possédons le savoir mais notre volonté a démissionné. »

INDEX DES NOMS CITÉS

TABLE DES MATIÈRES

Achevé d'imprimer en février 2005
par Bussière à Saint-Amand
pour le compte de
H&O
ÉDITIONS
BP 14090 - 34502 Béziers cedex
Tél. 04 99 43 05 52 - Fax 04 67 35 14 23
E.mail : heto1@wanadoo.fr
Internet : www.ho-editions.com

Dépôt légal : février 2005
N° d'imprimeur : 050598/1
Imprimé en France.